COLUCHE

"Tu nous manques enfoiré !"

Jean-Sébastien Fernandes • Arnaud Briand

COLUCHE

"Tu nous manques enfoiré !"

Editions ABSOLUM

ISBN : 2-916186-00-X

D'après une idée originale
d'Arnaud Briand

Absolum
38 rue Dunois
75647 Paris Cedex 13
absolumeditions@free.fr

Directeur de collection :
Arnaud Briand

Photo de couverture :
Coluche, Paris (1985)

Imprimé en octobre 2005
par EPEL Graphique Industrie
(Hendaye)

à Titi et Lisette
à Nathalie et Thomas

Remerciements

François Coquet (DMD Productions)
Marc Maréchal (Virgin Music)
Laurent Desmard (Emmaüs)
Michelle Aflalo
Jacques Assolen
Anne Bottela
Chantal Brets
Nicole Pais
Nathalie Raymond

Et, bien entendu, nous remercions chaleureusement tous ceux qui ont accepté de nous accorder du temps pour évoquer avec nous le souvenir de Coluche.

Avant-propos

Le 19 juin 1986 disparaissait Coluche. Un personnage hors-normes, fascinant de complexité. Son talent, son charisme, son sens inné de la provocation, sa finesse d'analyse et bien sûr sa générosité, immortalisée par les *Restos du cœur*, l'ont élevé au rang d'icône.

C'était il y a vingt ans. Vingt ans déjà... Enfants de la génération Coluche, nous n'avons jamais oublié ce truculent saltimbanque. Un saltimbanque qui, au fil de nos rencontres avec ceux qui ont traversé sa vie, s'est révélé un être d'une rare sensibilité et d'une extrême intelligence. Un visionnaire, toujours d'actualité, comme en témoignent ses *Restos* dont on célèbre malheureusement, aussi, les vingt ans.

Délaissant le cadre de la biographie classique, nous vous proposons donc une quarantaine de témoignages de proches et de personnalités qui ont croisé le destin de Coluche. Des évocations parfois étonnantes, souvent émouvantes. Vingt ans après, qu'il nous manque cet enfoiré !

Les auteurs.

abbé Pierre

A 93 ans, Henri Grouès, dit l'abbé Pierre, n'a pas oublié. Une seule rencontre avec Coluche a suffi pour qu'il apprécie la générosité du créateur des *Restos du cœur*. C'était il y a 20 ans. Depuis, la photo de l'artiste trône dans son bureau. Le fondateur des chiffonniers d'*Emmaüs*, fervent défenseur des droits de l'homme et du droit au logement, fut aussi celui qui célébra la messe des funérailles de Coluche.

Propos recueillis le 3 août 2005.

« Vous ne verrez dans mon bureau que peu de photos. Celle où je pose avec Coluche, prend donc toute sa dimension. C'est l'exception. Elle a quasiment vingt ans. A cette époque, je ne me doutais pas que je ne le reverrai plus. Depuis, je jette régulièrement un regard attendri sur cet homme dont je n'ai croisé qu'une seule fois le chemin. Mais quelques minutes m'avaient suffi pour apprécier sa gentillesse, percevoir sa tendresse. Des qualités que j'avais instinctivement aimées chez lui…

J'ai donc rencontré une seule fois Coluche, l'année de la création des *Restos du cœur*. Evidemment, j'avais entendu parler de cette initiative pour les plus nécessiteux. Cela m'interpellait car les entreprises de ce genre sont trop rares. Sincèrement, je ne m'étais jamais demandé qui avait eu cette idée. Un jour, un certain Coluche a souhaité me voir. Et là, j'ai compris. Il m'a dit qu'il lui restait un peu d'argent, qu'il ne savait pas s'il aurait la possibilité de lancer une deuxième campagne l'année suivante. Nous avons pris rendez-vous et c'est ainsi qu'il est arrivé un matin chez *Emmaüs*.

Il faut vraiment imaginer qu'avant ce jour là, je ne le connaissais pas. Ce personnage m'était totalement étranger alors qu'il semblait si familier à la plupart. En réalité, je n'avais jamais rien entendu ni vu de lui. N'allez pas croire que je ne regarde pas la télévision ou que je n'écoute pas la radio, mais les émissions de divertissement ne m'intéressent pas. Aussi, quand on m'a présenté Coluche, on a dû m'expliquer qui était cet artiste pour le moins original. Pour l'anecdote, ce n'est que plus tard, après sa mort, qu'une personne m'a fait parvenir un disque de lui. Je l'ai écouté et très sincèrement, j'avoue que je n'ai pas apprécié son humour. Je me suis même dit : *« Mon Dieu, si ma grand-mère avait écouté cela, qu'en aurait-elle pensé ? »*.

Nous avons donc fait connaissance. L'ambiance autour de cette rencontre était réellement très chaleureuse et spontanée. Comme il me l'avait dit au téléphone, il n'était pas venu les mains vides. Il avait apporté un chèque d'un million de francs en faveur d'*Emmaüs* ! Autant dire un geste considérable pour notre communauté. Il ajouta : *« Mon père, c'est vous qui nous avez montré l'exemple. Je suis heureux de pouvoir vous faire don de cet argent »*. Quand je l'ai entendu prononcer ces mots dans ma maison, j'ai eu le sentiment qu'il avait laissé tomber le masque. J'ai perçu une extrême sensibilité, une générosité, une gentillesse derrière un humour sans doute excessif. Naturellement, son geste m'avait touché et je l'avais remercié. Cette rencontre avait nourri de sincères sentiments de respect mutuel. D'ailleurs, au moment de raccompagner Coluche, je me souviens qu'il m'avait dit que nous serions appelés à nous revoir bientôt. J'avais acquiescé. Quelques mois après, il mourrait... Cette rencontre m'a aussi marqué à cause de cette fameuse photo, prise au moment où nous nous sommes quittés. Le photographe de presse qui accompagnait Coluche voulait immortaliser l'instant. Il nous avait demandé de nous tenir à côté l'un de l'autre. A vrai dire, j'étais un peu inquiet car nous faisions dos à la statue de la vierge et je me demandais s'il allait faire des bêtises. Il n'en a rien été. Il n'a pas osé. Je lui ai expliqué qu'il s'agissait de la petite vierge des pauvres.

En fait, le message de Coluche était d'une grande simplicité. Il aimait bien manger et n'admettait pas que des personnes ne puissent pas se nourrir. Ici, en France. Dans son pays ! Il voulait que les choses changent. Ce combat en faveur des exclus le motivait. De toute évidence, j'ai ressenti cela très fort en lui.

Comme je l'ai dit, je n'appréciais pas vraiment son humour. Mais ce n'était pas le plus important. L'essentiel, c'est que je suis resté admiratif de ce qu'il a fait avec les *Restos du cœur*. Bien entendu, Coluche manque à la société. Ce qui est formidable, c'est que d'autres artistes ont pris le relais. D'ailleurs, il faut remercier ceux qui ont continué à se mobiliser chaque année pour que vivent les *Restos du cœur*. Coluche aurait certainement été très fier de voir ces artistes pérenniser cette belle initiative, devenue essentielle aujourd'hui pour les plus démunis. Il nous manque aussi dans son rôle d'agitateur, capable de bousculer un peu les valeurs établies. Capable de pousser un "coup de gueule" quand les choses ne tournent pas rond. Un peu comme moi d'ailleurs... Finalement, Coluche a mis son humour au service des autres. Cette énergie, il l'a utilisée pour venir en aide aux plus pauvres. Il faut l'en remercier. C'est un comportement exemplaire.

Quand j'ai appris la mort de Coluche, je me trouvais à Rouen où j'assistais au concert d'un grand pianiste argentin, un homme de paix aussi : Miguel Angel Estrella. Un concert organisé par la communauté chrétienne de la ville. Quelqu'un est venu me voir et on m'a dirigé vers un téléphone. Au bout du fil, il y avait Michel Drucker. C'est lui qui m'a annoncé la nouvelle. Je lui ai demandé de dire à la famille que je serai présent pour la cérémonie religieuse. Je voulais m'associer à ce dernier hommage, tout simplement. Mais la mère de Coluche m'a rappelé et m'a demandé de célébrer la messe de funérailles en accord avec la famille. Naturellement, j'ai accepté. Cependant, il y avait un problème : les messes concernant les célébrités se déroulent habituellement en l'église La Madeleine à Paris. C'est en quelque sorte une tradition. De son côté, Madame Colucci tenait absolument à ce que la cérémonie se déroule en l'église de Montrouge, où Coluche avait grandi. L'Evêché a donc été saisi de cette volonté particulière et ne semblait pas à l'aise étant donné la personnalité sulfureuse de

Coluche. Finalement, tout s'est arrangé et nous avons pu accéder au souhait de sa mère.

Ce jour-là, une émotion particulière se dégageait de l'église. J'ai vraiment été impressionné de voir autant de monde. Honnêtement, je ne m'y attendais pas. Ce qui m'a frappé, c'est qu'il y avait énormément de jeunes et de motards. Etaient également présents la plupart des personnalités du monde du spectacle. Au moment d'évoquer la mémoire de Coluche, face à cet auditoire, j'ai salué son combat en faveur des plus pauvres en invitant tout le monde à suivre son exemple. Pour moi, l'essentiel était là. C'est pourquoi j'aimerai le remercier encore et lui dire qu'il nous manque... »

Didier Lavergne

Didier Lavergne l'avoue lui-même : « *Ma vie a soudainement basculé dans l'horreur.* » Ce jour de juin, son ami Coluche est mort sous ses yeux, presque dans ses bras. Depuis, celui qui fut le maquilleur attitré de l'artiste, ne s'est jamais vraiment remis de cet évènement dramatique, aux circonstances toujours aussi troubles.

Propos recueillis le 21 février 2005.

« Comment pourrais-je effacer de ma mémoire cet après-midi du 19 juin 1986 ? La mort de Coluche a totalement changé ma vie. Un choc tellement intense ! Nous étions là, avec Michel et notre ami Ludo. On roulait tranquillement à moto et soudain tout a basculé dans l'horreur. Il a été tué sous nos yeux. Il gisait par terre, sa tête perdait du sang, je lui parlais, j'essayais de le rassurer. A un moment, j'ai même cru qu'il m'avait adressé un signe de la tête. Ce léger hochement m'a longtemps poursuivi. Bien entendu, je ne l'avais pas touché pour ne pas aggraver la situation. Je ne sais pas pourquoi, mais il a fallu quarante cinq minutes aux pompiers pour parvenir sur le lieu de l'accident. Ils ont même refusé de nous envoyer un hélicoptère. Pourtant, on leur avait assuré qu'on paierait les frais. Une fois sur place, ils l'ont bougé, lui ont administré une piqûre, lui ont fait subir plusieurs électro-chocs.

Jamais je n'oublierai ces instants. L'image de son corps se soulevant de terre après les décharges d'électricité… Voir cela au cinéma, c'est une chose, mais là, c'était vraiment quelque chose d'épouvantable. Au bout de quelques minutes, un pompier s'est tourné vers moi en disant : « *Il est mort* ». Un truc s'est passé dans ma tête. Ce n'était plus la même histoire. Le “gros” nous avait quitté. Une réalité inimaginable…

Comment avait-on pu en arriver là ? Avec Michel et Ludo, on rentrait de Cannes à moto pour rejoindre la villa d'Opio. On venait de déjeuner avec quelques copains avant de disputer une partie de baby-foot, puis on s'était arrêté dans un magasin pour commander des pneus. Une dernière halte pour l'essence, puis nous avions pris la route. On roulait doucement.

Je ne sais pas pourquoi, Coluche m'a doublé et a pris cinq ou six mètres d'avance sur moi à l'amorce d'une ligne droite. En face, arrivait un camion. Au dernier moment, quand Michel a été à sa hauteur, le conducteur a coupé la route pour tourner vers un petit pont. Comme une porte qui se referme... Le type est descendu et nous a dit : « *Vous rouliez trop vite.* » Faux ! Le compteur de la moto affichait 65 km/h. Moi qui me trouvais juste derrière, j'ai freiné sans laisser la moindre trace de gomme, sans tomber. Michel, lui, n'a pas eu le temps. Il a guidonné et percuté le camion dans l'angle.

Aujourd'hui encore, je ne sais pas quoi penser ? Récemment, entre nous, on a reparlé de l'accident. Une conversation qui a fait naître des incertitudes. De toute manière, on ne saura jamais si c'est de l'ordre du fantasme. Ce trente huit tonnes qui transportait des pierres pour les déposer là où il n'y en avait semble-t-il jamais eu auparavant. Et ce pont qui surplombait un fossé... Le camion aurait dû faire plusieurs manœuvres pour le franchir. Enfin, pas une voiture n'est passée après l'accident. Sur le moment, on ne l'a pas relevé. Il y a un an, j'ai même appris que la route avait été barrée. En tous cas, s'il s'agit d'un attentat comme certains l'ont prétendu, il a été exceptionnellement orchestré.

Il y a eu ensuite son enterrement. Etrange coïncidence, pour la première fois de ma vie, on m'avait proposé un rôle dans un film de Francis Giraud, *Descente aux enfers*. J'avais déjà fait de la figuration, mais là, je devais jouer avec Claude Brasseur et Sophie Marceau. Le problème, c'est que le jour du tournage correspondait à la date des obsèques de Coluche. J'ai dit à la production que je n'avais vraiment pas la tête à ça. Du coup, je n'ai plus reçu de nouvelles propositions ! Un signe, sans doute. Peut-être n'étais-je pas fait pour cela ? En tout cas, quand Michel est mort, j'ai complètement changé. J'ai quitté femme et enfant et j'ai voulu tout vivre à fond. Comme lui. Pour profiter de chaque seconde…

Michel, je l'ai découvert au *Café de la Gare* puis au *Splendid*. Mais notre première véritable rencontre a eu lieu sur son film, *Vous n'aurez pas l'Alsace et la Lorraine*. Je travaillais déjà comme maquilleur pour Roman Polanski. Quand Coluche m'a demandé de le rejoindre, je n'ai pas pu refuser. Je lui ai juste demandé de poursuivre parallèlement ma collaboration avec Roman. Ce qu'il a accepté. De toute façon, Michel aurait été capable de changer les dates d'un film pour qu'elles ne coïncident pas avec un tournage de Polanski ! Etrangement, c'est l'inverse qui s'est produit. Une fois, je n'ai pas pu commencer un film de Roman car j'avais débuté *Le fou de guerre* avec Michel. Au total, j'ai participé à une centaine de films, dont dix avec Coluche. Dans ma vie, j'ai aussi travaillé avec Romy Schneider, Catherine Deneuve ou Gérard Depardieu.

Dans le microcosme du cinéma, Michel faisait figure d'exception. Contrairement à la plupart, il aimait faire plaisir. Une générosité excessive, qu'il assumait. Comme il disait : *« Il ne faut pas travailler pour le minimum syndical, mais pour le maximum syndical. »* Il voulait toujours faire le maximum. Comme ces grands repas qu'il organisait sur les tournages, pour créer un sentiment de grande famille au sein de l'équipe. Coluche ne faisait pas la distinction entre techniciens, comédiens ou producteurs. Seuls comptaient le rire et le plaisir. Même dans sa manière de tourner. Il ne voulait pas travailler dans la souffrance, cela ne l'intéressait pas.

Rien ne pouvait prédestiner à l'époque l'amitié qui nous unirait par la suite. Une amitié nouée progressivement, au fil des tournages communs, devenus de plus en plus fréquents. Avec Ludo comme coiffeur et moi comme maquilleur, nous le côtoyions tous les matins. Une promiscuité qui nous a permis de lier connaissance, de nous découvrir des atomes crochus. Tout naturellement, on est devenu de plus en plus intimes. On se voyait même en dehors des tournages. Au restaurant ou chez lui. Et puis, surtout, nous étions tous les trois des motards…

Cette amitié, Michel la vivait comme une exclusivité. Il voulait constamment être entouré par ses amis. Je passais donc beaucoup de temps avec lui. D'ailleurs, quand il ne me voyait pas pendant plus de trois jours, il se plaignait : *« Il faut que je t'envoie un carton ? Qu'est-ce qu'il y a ? T'es fâché ? »*... Il savait pourtant que j'habitais près de Pigalle, à l'autre bout de Paris. Il n'ignorait pas non plus que j'avais une famille. Il comprenait tout cela, mais assurait que je lui manquais. Une attitude touchante. D'ailleurs, il le disait à sa manière : *« Vous resterez toujours avec moi. »* Il désirait qu'on l'accompagne partout. Notamment en vacances, ce qui provoquait des jalousies. Mais que pouvions-nous faire ? Nous n'allions pas arrêter de voir un ami, ni refuser ses cadeaux, ou le train de vie qu'il nous offrait, sous prétexte que d'autres ne bénéficiaient pas de ses largesses. Contrairement à ce que certains prétendaient, ceux-là même qui dénigraient ce système clanique, Michel n'a jamais acheté les gens. J'ai rencontré, dans mon métier, beaucoup de personnes formidables. Mais lui, il était vraiment atypique. A ses amis, il pouvait offrir des voitures, des motos. Avec les actrices aussi, il était aux petits soins. Sur un tournage, il débarquait en moto pendant que son chauffeur allait chercher sur ses ordres la comédienne avec sa Roll's Royce !

Coluche était aussi positif et fascinant, capable de tous les délires. Comme ce jour de mardi gras, à Rome. Installés dans une grosse voiture américaine rose, nous allions déjeuner chez l'acteur italien Ugo Tognazzi. Michel, habillé en grenouillère, avec des cornes et une queue de diable, n'avait pas hésité à descendre de voiture pour demander sa route... à deux nonnes. Irrésistible ! D'autant qu'elles ne le connaissaient pas et ne parlaient pas un mot de français. Il faisait cela juste pour nous divertir, pas pour la télévision. Sincèrement, ma rencontre avec Michel fut réellement la plus étonnante de ma vie. On a vécu des moments que je garderais toujours pour moi. C'était entre nous. Juste entre nous... Au plus fort de notre amitié, on passait quasiment huit mois de l'année ensemble. A une époque, il m'a même proposé de faire de la radio avec lui, sur *Europe 1*. La station aurait sans doute accepté, mais je ne voulais pas changer de carrière. Je suis maquilleur et j'aime mon métier.

Coluche prenait beaucoup de plaisir à nous recevoir chez lui, sans manière. On était libres de faire ce qu'on voulait : jouer de la musique, au ping-pong ou au baby-foot, regarder la télévision, manger, danser, se baigner… Les gens se réunissaient et avaient du mal à quitter cette atmosphère ludique. Coluche discutait avec les uns, les autres, sans convention. On partageait de bons moments chez lui, plutôt que de se retrouver dans un bar ou une boîte de nuit. Parfois, on prenait aussi les motos pour faire des tours de périphérique. Sans chercher à battre des records. Je précise que Michel était très prudent à ce niveau-là. Il cherchait juste à partager du bon temps avec quelques amis…

Il ne fait aucun doute qu'il avait une vraie clairvoyance vis-à-vis de son entourage, excepté pendant la période où la drogue s'est immiscée dans sa vie. Progressivement, une autre faune est apparue. Alors, tout en restant présent, je me suis écarté de ce nouveau groupe. Il savait ce que j'en pensais, mais il n'y avait plus rien à faire. Ces gens tournaient autour de lui dans un unique intérêt. Michel a poussé cette expérience jusqu'au bout et quand il a dit stop, il a vraiment tout arrêté du jour au lendemain. Comme pour l'alcool… Sa seule crainte ? Etre à nouveau tenté par l'héroïne. Sans en faire l'apologie, il m'avait dit qu'il s'agissait d'un produit particulier. »

Josiane Balasko

Longtemps, on l'a comparé à lui. Certains la surnommaient à son insu *"la petite sœur de Coluche"*. Pour Josiane Balasko, on peut admirer le talent, le charisme de l'artiste sur scène, sa générosité, sans pour autant vouloir lui ressembler. Avec le *Splendid* et le succès des *Bronzés*, cette actrice populaire a depuis, remarquablement tracé sa route.

Propos recueillis le 31 août 2005.

" Michel le savait, je suis une lève tôt. Comme lui. A une période, son petit plaisir consistait à passer le matin chez moi à Beaubourg, dans le quartier des Halles à Paris. Il sonnait et montait avec un paquet de croissants qu'on partageait autour d'un café. C'est mignon, non ? Je ne me considérais pas comme une intime, plutôt une amie. Cette générosité naturelle, il l'a mise ensuite au service des plus démunis, de ceux qui ont faim. C'est la raison pour laquelle son idée des *Restos du cœur* ne m'a pas surpris.

Ce jour de juin 1986, je me trouvais en compagnie de Thierry Lhermitte chez Claude Berri. Nous assistions à la projection de *Nuit d'ivresse*. Soudain, le projectionniste est entré dans la salle en disant : *« Coluche est mort ! »*. Je ne voulais pas y croire. Effondrée, je suis rentrée chez moi pour le pleurer. Dire que quelques jours avant ce drame, je l'avais croisé au Festival de Cannes dans une émission de télévision. Je me rappelle qu'on était un peu fâché, comme souvent. On avait tout de même échangé quelques mots. Je ne me doutais pas que ce seraient les derniers…

Comme beaucoup de gens de ma génération, la première fois que j'ai vu Michel, c'était au *Café de la Gare* en 1971. J'adorais l'esprit de cette troupe sur scène, sans me focaliser spécialement sur lui. Il faut vraiment se rendre compte de la révolution artistique que cela représentait. Ils étaient formidables. Un jeu totalement novateur. Pour une fois, des jeunes parlaient le langage des gens de leur âge. Ils déconnaient, se moquaient de tout et de tous. A l'époque, c'était évidemment nouveau et jubilatoire.

Avec Coluche, on devait avoir une dizaine d'années d'écart. Je suivais les cours de théâtre de Tania Balachova à Paris. Débutante, je commençais tout juste à tenter ma chance sur scène dans un petit café-théâtre, avec un spectacle intitulé *La pipelette ne pipa plus*. Un soir, Michel est venu me voir. Après la représentation, il a débarqué dans ma loge. Sur le visage, je portais une paire de lunettes cassées que j'avais rafistolées par manque d'argent. Il m'avait fait cette réflexion : *« Mais t'es nulle. Elles sont trop moches tes lunettes. Vas t'en racheter ! ». « J'ai pas de fric pour m'en payer »* lui avais-je répondu. Le lendemain, il m'offrait une paire de lunettes neuves.

Par la suite, j'ai rencontré les membres fondateurs du *Splendid* et notre aventure a commencé. A ce moment là, Michel venait de quitter le *Café de la Gare* pour monter le *Vrai Chic parisien*, non loin de la rue des Lombards où nous étions installés. On se croisait, sans plus, car je le trouvais très impressionnant. Je peux même avouer que je l'admirais. Pour ne rien arranger, j'étais aussi un peu timide. Avec les autres membres du *Splendid*, on allait le voir sur scène. Je me souviens notamment de *Ginette Lacaze*. Un régal. Coluche nous aimait bien, il nous considérait un peu comme ses filleuls, portant sur nous un regard bienveillant. D'autant que nous proposions des sketchs très inspirés de ce qu'il faisait avec Romain Bouteille au *Café de la Gare*. Ce modèle nous avait conforté dans l'idée de jouer des choses différentes.

La carrière de Michel a réellement décollé après sa rencontre avec Paul Lederman. A ce sujet, Coluche me disait : *« J'ai trouvé quelqu'un qui va me lancer comme un baril de lessive. »* Visiblement, il a eu raison de lui faire confiance puisqu'il a cartonné dans ces *one man shows*. Pas étonnant, car il possédait l'âme d'un chef de bande. D'ailleurs, il a aussitôt séduit le public. Je le trouvais très drôle, seul sur scène.

Redoutable aussi : il balançait tellement, indifféremment, avec un style si particulier. Tout le monde en prenait pour son grade. C'est comme cela qu'il est devenu incontournable.

Parmi les spectacles montés par Coluche, il y avait donc *Ginette Lacaze*, que je trouvais formidable. Une sorte de comédie musicale. Une histoire d'amour triste, sur fond de banlieue et de rock. A plusieurs reprises, j'étais allée voir ce spectacle au *Vrai Chic parisien*. Bien des années plus tard, en octobre 1976, à *L'Elysée Montmartre*, Coluche a décidé de remonter ce spectacle. Il était déjà une vedette et possédait les moyens d'un faire une comédie musicale plus grandiose encore que la première version. A ce moment-là, avec mes camarades du *Splendid*, Thierry Lhermitte, Christian Clavier, Martin Lamotte et les autres, on jouait quotidiennement dans notre théâtre. Un jour, Michel est venu nous convaincre de reprendre les rôles de *Ginette Lacaze*. Il s'est alors tourné vers moi : « *Josiane, tu jouera Monique !* ». Je lui ai immédiatement rétorqué : « *Monique, c'est nul comme rôle.* » Finalement, il m'a convaincu et j'ai accepté, faisant rire tout le monde... Simplement, on ne voyait pas trop comment on allait faire les allers et retours entre le théâtre du *Splendid* et *L'Elysée Montmartre*. Coluche a trouvé la solution : « *Je vais vous acheter des mobylettes !* ». Ce qu'il a fait...

Et nous voilà partis pour un mois et demi de représentation à ses côtés, avec Paul Lederman aux manettes. Une belle entreprise, ambitieuse, qui ne fut pas couronnée de succès. Sincèrement, je pense que le public n'a pas adhéré car il avait désormais une image trop forte, trop évidente, de Coluche seul sur scène. Là, d'un seul coup, les moyens apparaissaient considérables, il y avait beaucoup de comédiens. Evidemment, Michel était incontournable mais il n'endossait pas le rôle de vedette. Il ne jouait pas de sketchs, ne faisait pas rire. Bref, le public a peut-être eu le sentiment d'avoir été trompé sur la marchandise. Il y avait un décalage avec les attentes des spectateurs. En revanche, entre nous, ce fut un moment formidable. Qu'est ce qu'on a pu rire ! Un vrai concours de blagues plus nulles les unes que les autres, parfois même au détriment du spectacle. On ne pouvait pas s'en empêcher. En revanche, on a dû arrêter rapidement, faute de succès...

Par moments, Michel pouvait se révéler très dur. Sur le moment, il n'épargnait personne. Même sur scène, pendant les représentations, il pouvait interpeller un autre comédien : « *Parle plus fort, fais ceci, fais cela...* ». Alors, comme on avait également notre petit caractère, on lui répondait avec plus de virulence encore. Parfois, je le trouvais même "lourd", notamment parce qu'on me surnommait "la petite sœur de Coluche" à cause, peut-être, de notre ressemblance artistique, de nos similitudes sur scène. Lui trouvait ça drôle. Moi, je ne le supportais pas, martelant : « *Je ne veux pas être ta petite sœur, ça me fait chier !* ». Et je me fâchais avec lui. Pas trop longtemps, comme d'habitude...

Avec Michel, nos disputes étaient récurrentes. D'abord au sujet de sa bande ; il souhaitait que je sois plus présente, plus ouverte avec ces gens. Je lui disais : « *Pas question !* ». Je ne me voyais pas intégrer cette cour. Evidemment, il le prenait très mal. Les semaines passaient et on se réconciliait. Rien de grave. La preuve : en 1981, Claude Berri avait en projet le tournage du film *Le maître d'école*. Un jour, il m'a téléphoné : « *Josiane, je produis un film avec Coluche et je voudrais que tu joues dedans.* » Je lui ai répondu : « *Je suis fâché avec Michel, il faut voir.* » Claude Berri m'a interrompu : « *Michel vient de me dire la même chose !* ». Quelques semaines plus tard, je retrouvais Coluche sur le tournage. On s'est réconcilié pendant le film et franchement, on a bien rigolé. Plus tard, je l'ai même dirigé sur *Sac de nœuds*. Une autre belle aventure...

Chez Coluche, c'était "portes ouvertes". Quand on ne savait pas quoi faire le soir, on l'appelait et on débarquait. Et on passait forcément une soirée sympa, avec des gens qu'on était ravi de voir ou de revoir. C'était l'époque du décollage du *Splendid*, lorsqu'on s'est fait connaître du grand public avec *Les Bronzés*. Michel, ravi pour nous, ne nous considérait pas du tout comme des concurrents. Au contraire, il nous encourageait régulièrement, il ne nous voulait que du bien. D'ailleurs, il adorait faire des apparitions au *Splendid*.

Il ressentait profondément l'envie de partager des choses avec nous. Dès que l'occasion se présentait, il remplaçait des comédiens au pied levé. Il avait cette faculté d'apprendre les textes en quelques minutes. Plus tard, il l'a fait également dans une pièce que j'avais montée, *Bunny's bar*. En revanche, il avait très peur qu'on utilise son nom. Il insistait : *« Surtout, tu ne mets pas mon nom. Tu ne me cites pas. »* Vu sa trajectoire, sa popularité, c'était tout à son honneur. Ce qui me frappait aussi, c'est qu'il trouvait le temps de venir jouer avec nous. Il possédait une capacité de travail au dessus de la moyenne.

Plusieurs fois, en 1980 et 1981, je l'ai rejoint en Guadeloupe, dans sa maison. *« Je l'ai construite pour les copains »* répétait-il sans cesse. Michel avait même fait bâtir d'autres maisons, notamment pour son ami Patrick Deweare. Il possédait aussi un petit bateau sur lequel il nous emmenait régulièrement en mer, faire des balades.

A ce moment-là, il ne semblait pas au mieux. Il venait de divorcer et même s'il était très pudique, ce malaise transpirait. Bien entendu, tout le monde autour de lui savait qu'il prenait des substances chimiques pour se remonter le moral. Fort heureusement, il avait une incroyable santé qui lui permettait de fumer des pétards du matin au soir sans être défoncé ! Je me souviens d'ailleurs d'une tournée de promotion en Belgique pour *Le maître d'école*. Les journalistes présents pour la conférence de presse l'ont vu arriver avec un pétard monstrueux dans la bouche…

Sa popularité, incroyable, est restée intacte. Aujourd'hui encore, pas un comique ne lui arrive à la cheville. Pourtant, il en existe ! Chez certains, comme Bigard, Gad Elmaleh ou Jamel, on retrouve parfois des inspirations de Coluche. Mais des artistes qui osent foutre la merde, interpeller les puissants, il n'y en a plus. Personne ne possède désormais ce charisme qui permet de tout dire, sans retenue, sans peur des représailles dans un monde devenu trop politiquement correct. Et pourtant, il y a de quoi faire ! Certes, *Les Guignols* brocardent la société et ceux qui la gouvernent chaque soir sur *Canal Plus*. Mais la différence, c'est qu'ils sont payés par une chaîne qui n'a plus le même ton, la même liberté, qu'à ses débuts dans les années quatre-vingts. On est donc loin de l'indépendance de Coluche. »

Maryse

Impossible de dissimuler son émotion. Evoquer Coluche réveille chez Maryse tant de souvenirs. Sur l'antenne d'*Europe 1*, en 1985, dans l'émission *Y en aura pour tout le monde !*, leur complicité a fait des merveilles. Aujourd'hui encore, elle dit sa chance d'avoir travaillé avec celui qu'elle appelait affectueusement "Mimi".

Propos recueillis le 26 janvier 2005.

" Il faisait chaud dans ce bureau, sous les toits de la rue François 1er, siège d'*Europe 1* à Paris. C'est dans cette petite pièce que Michel Drucker préparait ses émissions. Soudain, le téléphone a sonné. Philippe Gildas, directeur de l'antenne de la station, m'a demandé de le rejoindre dans son bureau. Quand je suis entrée, il était au téléphone avec Paul Lederman. A son visage blême, j'ai aussitôt compris qu'il était arrivé quelque chose de grave. J'ai fermé la porte et j'ai entendu le mot "moto". J'ai su qu'il s'agissait de Coluche. Philippe a raccroché puis m'a dit : « *Il est mort !* ». Avant de s'effondrer. Tout comme moi...

Coluche vouait une véritable passion pour la radio. Il avait déjà travaillé pour *Europe 1* en 1978. En ce qui me concerne, j'ai l'ai connu plus tard, après son exil en Guadeloupe. Une époque où il a voulu s'extirper de l'univers parisien et surtout de la drogue qui avait envahi sa vie. Je ne trahirai pas un secret en disant cela. Pour se justifier, il me soutenait toujours : « *Lorsque je fais quelque chose, je ne calcule pas, j'y vais à fond !* ». Un leitmotiv valable également pour l'alcool et la drogue.

A cette époque, il sombrait dans une profonde détresse. Il venait de rentrer de Guadeloupe à la fin de l'année 1984 et comme la radio lui manquait, il a rencontré Philippe Gildas. Face à sa détermination, Philippe a compris qu'il avait vraiment envie de revenir à l'antenne et lui a donné son feu vert. Seul hic, le cachet de 500 000 francs mensuels réclamé par Coluche ! Exorbitant pour l'époque... Personne ne touchait une telle somme pour une heure et demie par jour. Du coup, Philippe a dû en référer au président d'*Europe 1*. Lequel a d'abord refusé avant que Philippe ne lui fasse changer d'avis en arguant notamment du fait que Coluche pourrait très bien exercer ses talents ailleurs. A *RTL* par exemple. Au final, Michel a débuté au mois d'août 1985 aux côtés d'une autre animatrice, mais dès que je suis rentrée de vacances, il m'a sollicité. Je travaillais alors avec Michel Drucker de 9h à 11h dans une émission qui s'intitulait *Studio 1*. Nous allions entamer la troisième année et Drucker n'a pas vraiment apprécié que je veuille le quitter pour épauler Coluche. Mais pour moi, c'était déjà très clair. J'étais fan depuis le *Café de la Gare* et je voulais absolument tenter l'aventure, même si je savais que ce serait difficile d'exister à ses côtés. Ceci étant, j'avais déjà collaboré avec Fernand Raynaud, Bourvil et Thierry Le Luron, autant de fortes personnalités. Quand j'y repense, je me dis que c'est dingue. Que j'ai eu une chance inouïe de les côtoyer. Pour finir de me convaincre, Coluche m'a fait livrer un soir des dizaines de roses sur le palier de mon appartement. Il y en avait partout ! Dès lors, comment refuser ? En fait, il avait dévalisé la boutique de sa mère, fleuriste, pour moi.

Avec Coluche, on s'est ensuite rencontré à plusieurs reprises. On a déjeuné ensemble avec son équipe, on s'est découvert, on a su qu'on allait bien s'entendre. Le feeling passait... Avant la première émission, il ne m'a donné qu'une seule consigne : *« Tu te pointes à 12h30 au bureau ! »*. En pleine heure du déjeuner, alors que l'émission ne débutait qu'à 16h30. Et nous voilà donc le 25 août, réunis autour du réalisateur Martial Courtois. Michel est arrivé avec sa salopette et ses chaussures jaunes, comme dans ses sketchs, entouré de sa bande. Seule différence : un petit cartable... Il nous avait attribué des places. Moi, j'étais en face de lui. Chacun proposait des idées en lisant la presse du jour. On lui donnait les gros titres pendant que l'équipe entière faisait le silence. Il réfléchissait quelques secondes sur une information banale et d'un seul coup il trouvait le truc. Il observait notre réaction et si tout le monde riait en même temps, il disait : « *C'est bon, on la garde...* ». Ensuite, il demandait à l'un de ses amis de lui raconter des histoires drôles et il en sélectionnait quelques unes pour l'antenne. Dans sa bouche, elles prenaient une tout autre saveur. Il me demandait aussi mon avis. On n'était pas toujours d'accord, mais il aimait cette contradiction. Je lui répondais du tac au tac.

Parfois, Coluche dépassait les bornes. Je pense notamment à ce gamin qui distribuait le courrier le matin. Il ne l'appréciait pas, sans aucune raison, et l'empêchait de rentrer dans le bureau. D'un regard, d'une phrase, c'était oui ou non. Il avait ses têtes. Je l'aimais vraiment, mais parfois il pouvait se révéler odieux, profondément injuste et c'était évidemment très gênant. Ce qui d'ailleurs tranchait avec son côté si attachant...

L'émission s'intitulait *Y en aura pour tout le monde*. Il n'existait aucune ligne éditoriale. Coluche réagissait à l'actualité, racontait des blagues, faisait parler les auditeurs en direct, le tout agrémenté de quelques pauses musicales. Je me souviens d'une anecdote : il avait une passion pour le tube de Daniel Balavoine, *L'Aziza*. Il avait demandé au réalisateur de le diffuser au début et à la fin de l'émission pendant plusieurs semaines. Ce qui était contraire à la charte de l'antenne. Il s'en moquait !

Surtout, il n'avait jamais la langue dans sa poche. Il "envoyait chier" des gens à l'antenne, ce qui le rendait hilare. Un ton incroyable pour l'époque. Parfois, j'en pleurais de rire... Pour la première fois, on disait "merde" à l'antenne, voire plus. A la station, les directeurs semblaient ravis car l'audience grimpait considérablement et le prix des publicités augmentait. Des pubs que Coluche lisait lui-même à l'antenne en les massacrant. Ce qui contribuait à la notoriété des annonceurs, ravis eux aussi. Je me souviens de ce fabriquant de chaussures que Coluche dénigrait systématiquement. Il en faisait des tonnes et les ventes de cette marque ont explosé ! C'est dans cette ambiance, ces délires, que sont nés les *Restos du coeur*. Michel ne supportait pas que des gens puissent mourir de faim avec toute la nourriture qui abonde en France. Tout est parti de là. Il s'est alors dit que si le gouvernement ne le faisait pas, il allait s'en occuper. Vaste entreprise ! Il a pensé tout de suite aux *Restos*. On lui a demandé comment il allait les appeler. Il voulait absolument le mot *Restos*, placé dans un cœur. Quelqu'un a dit : Les *Restos du coeur*. Il a immédiatement validé le nom. Et c'est parti comme cela. Coluche a lancé l'idée à l'antenne sans prévenir quiconque à *Europe 1*.

Les responsables de la station ont été pris de vitesse. Ils ont dû s'adapter à la situation avant de se mobiliser totalement pour cette cause. Je me souviens que ce jour-là, il a demandé à Martial Courtois d'appeler Jean-Jacques Goldman. Il voulait une chanson dans la semaine. Avec des paroles fédératrices et des interprètes pour le clip ! Il voulait Catherine Deneuve, Yves Montand, Michel Platini, Michel Drucker. Rien que cela ! En direct à l'antenne, Goldman a relevé le défi. Il a aussitôt écrit et composé l'hymne des *Restos*. Quand je pense que Coluche disait : *« Cela ne durera que deux ou trois ans et ensuite le gouvernement prendra le relais. »* Il serait stupéfait aujourd'hui de la tournure des évènements.

Coluche me respectait. Avec moi, il ne se permettait aucun écart de comportement. Je ne lui ai jamais rien dit, il avait compris mes limites. Même dans le verbe, j'étais son baromètre, y compris à l'antenne. Il m'arrivait de quitter le studio parce que je n'approuvais pas une mauvaise blague. Du coup, il me chambrait. On s'expliquait pendant la page de pub et on reprenait l'antenne. Vous savez, j'avais vraiment conscience de faire une émission particulière. Du pur bonheur. Lorsque ce fut fini en avril 1986, je m'en suis davantage rendu compte. Il partait à Cannes pour le Festival du film. Juste avant, je l'avais reçu dans une nouvelle émission que je venais de lancer sur *Europe 1* le dimanche matin. Nous étions tous les deux dans le studio et je me souviens lui avoir demandé : *« Comment voudrais-tu mourir ? »*. *« Vite »* m'avait-il répondu.

C'est incroyable comme j'ai été gâtée en radio. J'ai collaboré avec tellement de personnes talentueuses. Mais Coluche, c'était particulier. On formait une famille, à l'antenne et le reste du temps. Il voulait que ses proches soient constamment à ses côtés. Il m'invitait à dîner chez lui tous les soirs. Ce qui devenait quasiment une contrainte à la longue car j'avais aussi ma vie privée. De temps en temps, il acceptait qu'on lui fasse faux bond, mais il était jaloux. Sur *Europe 1*, je présentais également une émission avec Christian Morin à la même époque : il ne le supportait pas. Il était exclusif, limite agressif. C'était lui !

Sincèrement, je pense qu'on ne l'a pas remplacé. On a perdu un sacré personnage, d'une intelligence rare, très intuitif. Le jour de l'enterrement de Michel, Thierry Le Luron, déjà très malade, m'a simplement confié : *« Tu sais, on a perdu un grand »*. Puis il est parti, bien avant la fin de la cérémonie. Aujourd'hui encore, je pense souvent à Coluche. Notamment à cette fin d'après-midi sur l'Ile Maurice, tous deux face à la mer, contemplant le coucher du soleil. Nous sommes restés ainsi de longues minutes, silencieux. Puis il a dit : *« Je suis content d'avoir partagé ce moment avec toi »*. Il a commandé du champagne. Ce fut un joli moment de bonheur. »

Jack Lang

Emblématique Ministre de la culture des années Mitterrand, Jack Lang a vécu la campagne présidentielle de 1981 dans le sillage du futur chef de l'Etat. A ce titre, le regard qu'il porte sur l'intrusion de Coluche en politique est saisissant. Il avoue bien volontiers qu'à l'époque, certains cadors du Parti Socialiste n'ont que modérément goûté la candidature du comique.

Propos recueillis le 27 janvier 2005.

« Comment oublier sa générosité, son humour décapant et l'amitié que nous avions appris à partager. Il était une personne à part, un complice inattendu, un agitateur stimulant, mélange de cruauté et de gentillesse. Lorsque j'ai appris sa disparition, je suis resté bouche bée. Cet accident, la moto, le camion, c'était trop bête ! Vingt ans après, j'ai le sentiment que Coluche n'a pas été remplacé. D'autres humoristes ont évidemment pris le relais, mais sa place reste à jamais vacante.

L'arrivée de Coluche dans la campagne électorale de 1981 fut accueillie avec beaucoup de scepticisme. Au Parti Socialiste, nous pensions que tout cela n'était pas réellement sérieux, qu'il s'agissait d'une annonce provisoire. Dans l'entourage immédiat de François Mitterrand, alors candidat potentiel du PS, cette intrusion fut tout de même ressentie avec méfiance. En fait, nous avions le sentiment que cette entrée de la dérision dans la campagne tournerait en ridicule les autres candidats dont les plus crédibles, comme Mitterrand.

Ce qui nous a perturbé au début, c'est qu'un certain nombre d'organes de presse le prenaient au sérieux. S'instaura alors un jeu pervers entre les médias et Coluche. Je crois me souvenir que le *Nouvel Observateur*, favorable à la gauche, avait fait sa “une” avec Coluche. D’une certaine manière, ce n’était pas si étonnant car François Mitterrand n’était pas toujours en odeur de sainteté y compris dans la presse de gauche. Du coup, la candidature de Coluche apparaissait quasiment comme citoyenne.

Nous avons observé, comme tout le monde, que certains sondages créditaient Coluche de 10 à 12 % des intentions de vote. Il s’agissait simplement d’un constat car chacun sait pertinemment que les sondages ne sont pas des votes exprimés. Nous estimions au PS que ces chiffres traduisaient plutôt une attente alors qu’à ce moment précis aucun candidat de gauche n’était encore officiellement déclaré. Il me semble que Coluche comblait opportunément un vide. Ces 12 % nous paraissaient provisoires et en même temps symptomatiques d’un malaise. Mais nous ne pensions pas que ces intentions de vote allaient faire douter nos électeurs.

Le ton de Coluche dans cette campagne était totalement inédit. Il faut vraiment se replacer dans le contexte de ces années-là pour saisir à quel point son vocabulaire frappait les esprits. Je pense notamment à la virulence de ses attaques à l’égard de François Mitterrand. Il faut bien comprendre que fin 1980, Mitterrand était donné perdant face à Valéry Giscard d’Estaing, le Président sortant. L’espoir paraissait mince et nombreux étaient ceux qui pronostiquaient une troisième défaite en autant de candidatures. Même les journaux de gauche se déclaraient très sceptiques sur ses chances. N’oublions pas que la gauche était alors partagée entre Rocard et Mitterrand. Ce dernier étant plutôt considéré comme celui qui allait faire perdre une nouvelle fois son camp. Ce n’est réellement qu’en janvier ou février 1981 que l’on a senti que quelque chose était en train de changer.

Aussi, dans ce contexte d’incertitude, la candidature de Coluche n’amusait pas vraiment les cadres du Parti Socialiste. Talentueux, extrêmement drôle et intelligent aussi, il tapait fort sur les politiques et ses coups, parfaitement relayés par la presse, faisaient mouche. Cependant, Coluche ne pouvait pas faire illusion bien longtemps et faire oublier l'essentiel. Il n'avait pas de programme ! Mais aussi étrange que cela puisse paraître, ce vide appelait un plein. Je m'explique : ses assauts anti-politiques poujadistes avaient pour unique but de faire bouger les choses. Elles appelaient aussi à un ressaisissement, à une certaine mobilisation. Coluche incarnait un défoulement, un exutoire collectif.

J'imagine que Valéry Giscard d'Estaing devait observer cette agitation avec une certaine satisfaction. Certes, il était lui aussi la cible des salves verbales de Coluche, mais peut-être se disait-il : *« Finalement, il y a l'homme sérieux que je suis et en face de moi toute cette gauche en désordre. »* Au fond, Mitterrand appréciait Coluche et ses critiques ne le blessaient pas. A cette époque, j'ai le souvenir qu'un personnage comme le Professeur Choron était beaucoup plus virulent avec lui. Coluche n'avait jamais osé aller aussi loin.

Dès l'entrée officielle de François Mitterrand dans la campagne, les choses ont pris un tour favorable. Coluche s'est effacé. J'ai le sentiment que Mitterrand a pris les choses avec une certaine distance, voire une réelle bienveillance. Il a demandé à son état-major de rester calme. Sincèrement, il n'avait rien contre la personnalité de Coluche. En revanche, il se méfiait de l'usage qu'en feraient certains de ses adversaires politiques. Quelques journaux affirmaient d'ailleurs que le trublion de cette campagne jetait la confusion à gauche… Quand, en mars 1981, Coluche décida officiellement de se retirer de la présidentielle, l'information ne nous a pas plus émus que cela. Il faut dire que nous étions désormais très avancés dans notre propre campagne. Simplement, cela avait le mérite d'éclaircir le climat politique et les dirigeants du PS ont pensé qu'il était en effet préférable que cette confusion prenne fin. A partir du moment où les "vrais" hommes politiques ont pris le relais, Coluche a eu l'intelligence de comprendre que son rôle d'agitateur, de protestataire, venait de prendre fin.

Quelles étaient objectivement ses intentions ? Manifestement, Coluche a incarné durant quelques semaines une réponse à l'impatience et au scepticisme des Français. Je suis convaincu qu'il l'a fait sans calcul, avec sincérité et générosité et qu'il était en quelque sorte en "mission". Il en avait assez de l'immobilisme et il s'était lancé ce défi en espérant faire évoluer les consciences.

Lorsqu'en mai 1981, François Mitterrand a été élu Président de la république, je peux vous assurer que Coluche était un homme heureux. D'ailleurs, il se trouvait à nos côtés le soir de la victoire, rue de Solferino, au siège du Parti Socialiste. Mitterrand a eu par la suite beaucoup de sympathie pour Coluche. Ils se sont rencontrés à maintes reprises et mutuellement apprivoisés, pour défendre des intérêts communs. Je pense naturellement au lancement des *Restos du cœur* et à l'amendement Coluche que j'ai présenté à l'Assemblée Nationale quelques temps après sa disparition.

François Mitterrand était très attiré par Coluche. On se représente souvent le Président de la république comme quelqu'un de figé dans le marbre, mais il était tout le contraire en privé. Il appréciait la présence de personnages hors normes, loin de cette société établie qu'il ne goûtait guère. Quand on pense que l'histoire avait si mal débuté et quand on observe la manière dont ces deux-là se sont ensuite entendus, on se dit qu'il existe de belles rencontres. Je peux assurer que Mitterrand avait beaucoup d'humour. Il appréciait la présence de personnes drôles à ses côtés. Et c'est ainsi que je l'ai vu se tordre de rire face à Coluche, comme un enfant face à ce clown subversif.

Rappelons-nous également que Coluche a donné un sérieux coup de main à notre parti durant la campagne des législatives en 1986. Nous savions que nous allions perdre. Je me souviens qu'il avait accompagné le chef de l'Etat à Lille pour un meeting de campagne. Coluche avait voyagé avec nous en train, au côté de Mitterrand, avant de s'afficher au premier rang dans la salle.

Il venait souvent au Ministère de la culture, non pas pour me voir, mais pour rendre visite à ma femme, Monique. Ils s'appréciaient tellement qu'ils sont devenus amis. Il existait entre eux une rare complicité, je parlerai même de tendresse. Il l'appelait "la patronne"... Je les entendais rire tellement fort ! J'allais voir ce qui se passait dans le bureau de ma femme et je les découvrais hilares. D'autres fois, il passait la tête dans mon propre bureau, sans rendez-vous et l'on prenait un verre. Il me manque... »

Mathilda May

Ancienne danseuse, récompensée par le premier prix du Conservatoire en 1983, Mathilda May s'épanouit ensuite dans le cinéma. C'est sur le tournage du film de Claude Zidi, *Les Rois du Gag*, qu'elle fit la connaissance de Coluche. Quelques années plus tard, elle allait partager les dernières heures de la vie de l'artiste.

Propos recueillis le 15 février 2005.

" Jamais je n'oublierai ce jour de juin 1986. C'est étonnant à quel point je me souviens de chaque détail alors qu'en temps normal j'ai une mémoire absolument nulle. Je ne conserve par exemple que très peu de souvenirs de mon enfance et de mon adolescence. Là, je me remémore précisément chaque instant... La journée avait commencé par une scène qui reste profondément ancrée en moi. Dans la villa de Grasse louée par Coluche, on venait de se lever pour aller déjeuner et j'avais revêtu une robe des années cinquante, avec un large jupon et des talons. Michel m'avait regardé en disant : *« Ah ! Ben, si tu es habillée comme ça, on n'ira pas en moto, mais en voiture. »* Plutôt timide à l'époque, je ne voulais surtout pas déranger. Je lui ai répondu : *« Mais non, il n'y a aucun problème, surtout faîtes comme vous aviez prévu, prenons les motos et je range la robe. »* Finalement, j'ai gardé cette robe et on a bien pris les motos. Je suis donc montée derrière lui pour aller déjeuner à Cannes.

Ce jour fatidique, juste avant d'arriver au restaurant, Michel et moi sommes entrés dans une boutique de lunettes. J'ai vu qu'il craquait pour un modèle. Je le lui ai acheté à son insu et offert. Il a été très surpris et touché par mon geste. Apparemment, il n'avait pas l'habitude de recevoir de cadeaux. Lui, qui était tellement dans le don, m'avait dit : « *C'est pour moi ? Oh, t'es une fille bien, toi !* ». Et il est mort avec ces lunettes...

Au restaurant, nous étions donc cinq à table : Coluche, ses amis Ludo et Didier, mon fiancé de l'époque Jean-Marie et moi. A un moment, au cours du repas, ils ont parlé d'accidents de moto, de personnes qui s'étaient blessées. Coluche avait rétorqué : « *Moi, j'ai jamais d'accident.* » Ludo s'était alors empressé d'ajouter, geste à l'appui : « *On touche du bois* »... Après le déjeuner, Michel m'a demandé si je voulais remonter avec eux à la maison. Je lui ai dis que je préférais faire les magasins avec Jean-Marie pour trouver des chaussures qui accompagneraient mieux ma robe. Ludo, Didier et Michel sont repartis de leur côté à moto. J'ignorais alors que je ne le reverrai plus...

Vingt minutes plus tard, en remontant à notre tour à la villa, on a trouvé la route barrée. On s'est interrogé, on a fait tout un détour et on a finalement réussi à rejoindre la maison. Jean-Marie est entré le premier et je l'ai entendu dire : « *C'est pas vrai, c'est pas vrai...* ». Puis j'ai découvert à mon tour Didier, allongé, prostré sur le canapé, le visage rouge. Je lui ai demandé ce qui se passait et Jean-Marie s'est tourné vers moi en disant : « *Coluche est mort.* » Ludo nous a rejoint, en larmes, et nous a raconté toute l'histoire. Non seulement je peux assurer que Coluche n'avait pas bu, qu'il était absolument clean, mais en plus Ludo et Didier peuvent confirmer qu'il ne roulait pas vite. Mais c'est vrai qu'il portait son casque en bandoulière... Cet accident était tellement incroyable, avec ce camion, au milieu de la route. On a passé le reste de la journée tous les quatre, accablés, dans cette maison sans âme. Je me souviens aussi avoir vu des gens, ignorant la nouvelle, débarquer pour faire la fête, avec du vin... Le soir, nous avons décidé de rentrer à Paris. Et on a roulé de nuit. On avait une peur bleue des camions. J'ai pris le chien de Coluche avec moi pour le rendre à sa fiancée.

Pendant son enterrement, un moment m'a particulièrement ému. Lorsque nous nous sommes tous retrouvés autour du cercueil, juste avant de le mettre en terre, il y avait beaucoup de monde, de bousculade et quelqu'un a dit : « *Attendez-nous, on est des proches.* » Une voix a aussitôt répondu : « *Mais on est tous des proches !* ». C'était vrai et ça m'a marqué. Au-delà de tout ce que Michel a apporté, il y avait surtout cette proximité avec les autres, avec les gens simples.

Je me rappelle la première fois que je l'ai croisé. C'était sur un tournage, un film de Claude Zidi, *Les Rois du Gag*. J'avais un rôle anecdotique. Michel était très jovial et je n'avais pas osé l'approcher, par timidité. J'avais tout juste vingt ans… Grâce à deux amis communs, Didier et Ludo, qui travaillaient également sur le plateau, j'ai enfin fait sa connaissance. Sa sensibilité et sa perception très fine des gens m'avaient frappé. Sentant bien que je n'étais pas à mon aise, il avait détendu l'atmosphère. Par la suite, on s'était revu chez lui, rue Gazan, dans ces fêtes qui réunissaient tous les squatters de Paris et les pique-assiettes de France. Des gens venaient boire et manger à l'œil. C'était "portes ouvertes"… Quelque chose que je n'ai jamais revu. Si, à quatre heures du matin, on disait à Coluche qu'on avait faim, il nous faisait frire un poulet dans l'instant ! Simplement, là-bas, c'était un peu aussi drogue et compagnie. Je n'y suis donc pas allée souvent.

En juin 1986, pendant cette semaine de vacances à Grasse, j'ai retrouvé un Coluche accueillant, tranquille, apaisé, serein après une période délicate de sa vie. Notamment à cause de la drogue. Certes, du monde venait dîner le soir, mais les journées restaient assez intimes. Chose impensable : à un moment, on s'est même retrouvé tous les deux dans une pièce. On a pu tranquillement discuter et je me suis alors rendue compte qu'il était aussi timide que moi. Derrière son humour perçait une gêne, une forte sensibilité, une fragilité. On a plaisanté, échangé quelques blagues et j'ai senti dans son regard une affection bienveillante. J'appréciais simplement sa gentillesse, son intelligence aussi. Jacques Attali m'avait lui-même confié que Michel était l'homme le plus intelligent qu'il avait rencontré. Coluche était grossier, mais pas vulgaire. Ses mots étaient choisis, précis. Il avait une intelligence pure, animée par une insatiable curiosité.

Bien sûr, Michel me manque. Il nous manque. Car personne n'a repris ce rôle. Il n'existe plus de contre-poids à tout ce que l'on subit actuellement. Notamment cette télévision qui a pris une dimension aussi indigne. Il tenait un rôle dans la société. Presque un rôle d'assainissement. »

Luis Rego

En 1984, au Mexique, Luis Rego a partagé avec Coluche l'une de ses plus belles aventures cinématographiques : le tournage de *La vengeance du Serpent à plumes*. L'occasion pour les deux comédiens de cimenter une franche amitié née quelques années auparavant. Pour l'ancien GO des *Bronzés*, Coluche reste un mythe inégalé.

Propos recueillis le 11 janvier 2005.

« Une immense tristesse m'a envahi ce jour-là. J'étais en Corse et j'ai eu du mal à réaliser qu'il venait de disparaître d'une manière aussi absurde. J'ai écourté mon séjour pour assister à son enterrement. A la cérémonie, il y avait un monde fou. J'ai alors perçu toute sa dimension. Quand je pense qu'il devait jouer dans le film *Poules et frites* que je m'apprêtais à réaliser quelques mois plus tard. On s'était mis d'accord. J'ai dû finalement endosser moi-même le rôle qui lui était dévolu.

J'ai rencontré Coluche au moment où il jouait dans les spectacles de Romain Bouteille au *Café de la Gare* à Montparnasse. Il y avait aussi Patrick Deweare, Henri Guybet et les autres acteurs de la bande. J'étais un simple spectateur et pour moi, comme pour beaucoup de gens de ma génération, ce fut une révélation. La preuve que le théâtre pouvait signifier autre chose que le classique ou le drame. Il y avait là quelque chose d'expressif… C'était inédit, on pouvait faire ce qu'on voulait sur scène, sans retenue. Du coup, j'ai eu envie de participer à ce mouvement. J'étais déjà connu car j'avais tourné avec *Les Charlots,* mais je cherchais un nouvel élan, un nouveau style de comédie et je venais de le trouver. A l'époque, les comédiens de ce café-théâtre accueillaient les spectateurs à l'entrée. Un soir, Coluche m'a reconnu, m'a salué et nous avons fait connaissance. Ensuite, je suis retourné le voir dans une autre pièce intitulée *Thérèse est triste* qu'il jouait à la *Taverne de l'Olympia*. Une composition de ses soins. On s'est donc revu, on a dîné ensemble et franchement sympathisé. Ceci dit, je le voyais rarement seul car il aimait bien être entouré. Je l'ai vu plus fréquemment lorsqu'il a emménagé rue Gazan, dans le 14ème arrondissement. Il y organisait des fêtes tous les soirs. Disons que je faisais partie des intimes avant que le cercle ne s'agrandisse de manière incontrôlable.

Notre première collaboration date de son film *Vous n'aurez pas l'Alsace et la Lorraine*, où je tenais un petit rôle. C'est Coluche qui m'avait appelé pour me proposer de jouer. Ce fut d'ailleurs son premier et dernier film. Il était déjà une star du café-théâtre à cette époque et la télévision l'avait révélé avec *Le Schmilblick*... Malgré sa notoriété, le film n'a pas rencontré de succès. Sur le tournage, Coluche était aussi détendu que professionnel. Il aimait travailler avec des proches. Il se sentait en confiance et donnait le meilleur de lui-même. Il débordait d'énergie et les journées de travail étaient souvent suivies de fêtes jusqu'au bout de la nuit. Je ne sais pas comment il faisait. Il avait en tous cas la faculté de pouvoir s'endormir n'importe où et à n'importe quel moment. Je l'enviais pour cela. Il récupérait très facilement des frasques de la veille. Le suivre me fatiguait...

En 1984, sur le tournage de *La vengeance du Serpent à plumes* dirigé par Gérard Oury, nous avons partagé d'autres moments agréables. Sincèrement, je ne sais plus s'il m'a aidé à obtenir le rôle que je jouais dans ce film, celui du copain portugais de Coluche. Je me souviens que tout est allé très vite, sans casting. J'étais aux anges de partir au Mexique. Pour ne rien vous cacher, je pensais que ce serait une grosse partie de rigolade. Les scènes à tourner ne semblaient pas franchement compliquées. Toutefois, il avait fallu que je parte trois jours avant l'équipe car je devais faire connaissance avec le chimpanzé du film. Autant dire que le "stage" fut compliqué. Disons que c'est plutôt le singe qui m'a dressé ! En revanche, s'il a été plutôt sympa avec moi à la fin, il ne pouvait pas sentir Coluche...

Le singe avait vraiment pris Coluche en grippe. La première fois que l'animal l'a vu, Michel était teint en blond et vêtu d'un costume de mort, pour une séquence dans un carnaval. Du coup, le singe a pris peur. Il a hurlé et agressé Coluche. Les dresseurs ont alors tout fait pour le retenir. Vous imaginez la tension pendant les scènes avec le chimpanzé ! Parfois, on devait attendre qu'il se calme pour continuer…

Sur le tournage, nous avions découvert un Gérard Oury extrêmement pointilleux sur les dialogues et Coluche avait le malheur de sortir parfois du texte. Le réalisateur n'appréciait pas cette liberté. Il lui faisait refaire les scènes dix, quinze fois jusqu'à la perfection. Un travail laborieux. Au bout de quelques jours de tournage, après une énième remarque, Coluche, excédé, a craqué : *« Je ne suis pas venu au Mexique pour me faire chier ! »*. Vous imaginez l'ambiance... D'autant qu'il avait insulté Oury devant tout le monde, ce qui a eu pour conséquence d'interrompre le tournage. Fâché, Coluche a aussitôt pris sa voiture et nous sommes rentrés à l'hôtel. Informé, Claude Berri, le producteur, a sauté dans le premier avion pour tenter d'apaiser les tensions. De fait, Gérard Oury a eu pour consigne de se calmer. Coluche et lui ont eu une bonne explication et tout s'est finalement arrangé. Michel n'était pas irrespectueux. Il s'agissait plutôt d'une mise au point nécessaire à la poursuite du tournage.

Sur le tournage de *La vengeance du serpent à plumes*, il y avait aussi Marushka Detmers. Coluche la trouvait très belle. Et comme elle était plutôt avenante, ils avaient bien sympathisé. Mais bon, le dresseur du singe avait été plus rapide sur ce coup-là. Avec les femmes, Michel entretenait un réel rapport de séduction. Charmant, généreux, il aimait les couvrir de cadeaux. Il leur faisait la cour avec son humour. Et comme tous les hommes qui connaissent le succès, il était très courtisé.

Dans la vie, Coluche aimait également beaucoup la moto. Je me souviens qu'avec certains de ses copains, ils allaient faire des tours de périphérique la nuit. Quant aux soirées, elles se passaient la plupart du temps chez lui. On le voyait rarement dans des boîtes branchées. Le soir, on dînait tous ensemble. Il y avait beaucoup de monde pour faire la fête. Parfois, on se croyait en vacances. Mais le matin, Coluche était toujours disponible pour travailler. Il était incroyable. Il mangeait une choucroute à 11h00, faisait une sieste d'un quart d'heure et repartait travailler.

C'est indéniable, Coluche a marqué son époque. Tout ce qu'il entreprenait était touché par la grâce. Il n'a pas eu le temps de lasser son public. Il est parti en mythe. C'est rare. »

Philippe Manesse

Coluche n'a pas toujours fait rire Philippe Manesse. Au *Café de la Gare*, leurs relations ont même connu de sacrés tourments. Pourtant, celui qui dirige désormais ce lieu mythique avait admis le talent de l'artiste. Au sommet de sa gloire, Coluche, apaisé, a renoué avec son vieil acolyte.

Propos recueillis le 10 juin 2005.

« Si je devais résumer Coluche, je dirais qu'il m'a fait rire dans ses sketchs, mais pas toujours dans la vie. C'est ainsi, nos relations ont longtemps été difficiles. Pourtant, quand j'ai pris connaissance de son accident, je suis resté abasourdi. Je me trouvais ici même, dans ce bar, en face du *Café de la Gare*. La patronne venait d'entendre l'information à la radio et me l'a aussitôt répétée. Je suis resté sans voix, incapable de réagir. C'est étrange comme la vie peut vous paraître injuste parfois. Dire que nous étions enfin parvenus à nous apprivoiser, après tant d'années...

Mon premier souvenir de Coluche date de 1970. Et sincèrement, je n'en conserve rien de positif. J'étais en vacances dans l'Yonne, dans la maison familiale, passant du bon temps avec deux copains. Un type a débarqué. Il passait son temps à se disputer avec sa petite amie, une fille appelée Miou-Miou. La raison ? Elle avait mal lavé sa moto ! Quand j'y repense, je me dis qu'il était vraiment culotté de la traiter ainsi. A cette époque, Michel avait vingt ans. Intérieurement, je me disais : « *La pauvre fille, elle déguste !* ». En fait, j'ai su plus tard que Coluche avait été invité à nous rejoindre par mon frère. Il louait une petite chambre à Paris près du *Café de la Gare* où jouait Michel et ils s'étaient rencontrés ainsi. Quelques mois plus tard, par hasard, je suis passé devant ce café-théâtre et je suis tombé nez à nez avec Miou-Miou. Elle a gentiment insisté pour que j'assiste au spectacle et je dois avouer que j'ai immédiatement trouvé cela révolutionnaire. Les sketchs et l'état d'esprit ne pouvaient pas me laisser indifférents, tout comme Miou-Miou dont je suis devenu le petit ami. Elle s'est alors séparé de Coluche et nous avons vécu ensemble. Michel l'a très mal pris. A tel point qu'il m'avait interdit d'assister aux spectacles alors que les autres comédiens n'y voyaient pas d'inconvénient. Je devais donc attendre l'extinction des lumières et le début de la représentation pour me faufiler discrètement dans la salle. Jusqu'au soir où Miou-Miou m'a appris, en pleurs, que Romain Bouteille avait décidé de virer Coluche. En fait, ils ne s'entendaient plus et il fallait que l'un des deux s'en aille. Excédés par le comportement caractériel de Michel, la plupart des comédiens ont approuvé Romain. Pour Coluche, ce fut une seconde rupture, un vrai choc affectif. Il avait perdu sa petite amie puis sa place sur scène. Pour moi, ce fut un soulagement.

Débarrassé en quelque sorte de ce personnage encombrant, j'ai pu me faire embaucher comme régisseur au *Café de la Gare* en 1971. Sur le plan personnel, cela a provoqué ma séparation avec Miou-Miou car elle a mal vécu cette promiscuité permanente. Pendant ce temps, Coluche avait monté un nouveau spectacle entouré par une douzaine de comédiens. Mais, cette fois, à la différence du *Café de la Gare*, il en était le chef. Ce qui signifiait qu'il pouvait se séparer de n'importe qui, au gré de ses humeurs. Bien entendu, il tenait le spectacle à bout de bras et l'on sentait déjà poindre le *showman* dans sa manière de se mettre en avant. Puis le coup de pouce lui fut donné par Paul Lederman en 1972. D'un coup, Coluche a eu accès aux médias et notamment à la télévision. Et là, sa notoriété a explosé. Il est devenu une vedette en très peu de temps. En fait, il a eu la chance de montrer son talent au plus grand nombre alors que d'autres, peut-être aussi doués, ne connaissent jamais la lumière et se contentent de chanter dans leur salle de bain. La vie est ainsi faite. Mais dans le cas de Coluche, c'était incontestablement mérité...

A partir de là, son comportement a changé. Plus serein, plus équilibré, rassuré par le succès, Michel parvint enfin à entretenir des relations normales avec les autres. Il n'était plus dans le conflit mais dans l'écoute, la générosité. Y compris avec moi ! Pour preuve, il avait arrêté de me faire la gueule. Il venait me voir sur scène et m'a même proposé de tourner dans son film *Vous n'aurez pas l'Alsace et la Lorraine*. L'ambiance sur le tournage était fantastique. Pour nous, ce fut un moment extrêmement agréable. Ensuite, nos parcours professionnels nous ont éloignés l'un de l'autre, mais nous parvenions tout de même à nous voir. Je jouais au tennis Porte d'Orléans et je dormais donc souvent chez Michel le soir, rue Gazan, dans le 14ème arrondissement. Il était devenu un formidable hôte. J'ai beaucoup aimé cette période, tout comme les fêtes qu'il donnait. Tout le *show-bizz* avait rendez-vous chez lui. C'est ainsi que je me suis retrouvé à jouer au tennis de table avec Serge Gainsbourg. Un moment surréaliste...

Il n'était pas rare qu'on discute ensemble de ses spectacles, de ses films, de ses projets. Il écoutait attentivement, mais n'était guère influençable. Il venait aussi au *Café de la Gare* roder systématiquement ses spectacles. Je crois d'ailleurs qu'il détient toujours le record d'affluence de la salle avec près de cinq cents entrées. Le public se tassait pour assister à ses performances. Ce qui ne serait plus possible aujourd'hui avec les normes draconiennes de sécurité. Sur la porte d'entrée, on peut voir des photos d'époque de Coluche sur scène. Les spectateurs, nostalgiques, s'arrêtent toujours pour jeter un coup d'œil amusé.

Aujourd'hui, que serait-il devenu ? Michel aurait soixante ans et je crois qu'il serait bien embêté. Dans la société actuelle, il ne pourrait plus rien dire. Ses sketchs seraient certainement censurés ou sujets à polémiques. Ce qui est évidemment regrettable dans un pays où la liberté de penser est soit disant érigée en vertu essentielle. Pour moi, Coluche n'a pas d'héritiers. Le contexte a changé. »

Michel Drucker

Il le confesse volontiers : « *Impossible de vivre une saison de* Vivement Dimanche *sans diffuser des sketchs de Coluche.* » En quarante ans de carrière, Michel Drucker, le plus familier des animateurs de télévision, prétend même que deux artistes seulement ont survolé leur univers respectif : Johnny Hallyday et Coluche.

Propos recueillis le 13 juin 2005.

« Il me suffit de fermer les yeux et je le revois. Ici, dans mon bureau du Pavillon Gabriel. Il entrait et me disait : « *Salut ma poule !* ». Son foulard, son blouson de cuir pour la moto, son casque à la main et surtout sa voix. Il est mort si jeune, si violemment ! Je me suis senti mal quand j'ai appris la nouvelle. En juin 1986, je me trouvais au Mexique pour commenter le quart de finale de la Coupe du monde de football opposant la France au Brésil. Quel contraste ! Sur le coup, je me suis dit: « *Qu'est-ce que tu fais ici ?* ». J'étais malheureux de ne pas être auprès de lui. Plus tard, j'ai envoyé un mot à sa maman. J'avais tellement de sympathie pour sa mère après qu'il m'ait emmené chez elle, dans son petit appartement de Montrouge, en banlieue parisienne. Elle avait été heureuse de nous voir. Elle nous avait offert un café. Un joli moment que je garde en mémoire. Il ne faut pas se tromper : dans cette famille, on savait ce que c'était que d'avoir faim. Ce qui explique mieux l'idée des *Restos du cœur*. Cette injustice insupportait profondément Coluche. Ce jour-là, j'ai tout compris...

Même si nous n'étions pas intimes, il m'arrivait de passer des soirées chez lui, rue Gazan, à Paris. Il y avait énormément de monde. En fait, Michel détestait la solitude. Il aimait bien manger, bien boire, mais l'essentiel était ailleurs. Il se nourrissait surtout des autres, écoutait énormément. Ses oreilles traînaient partout et ses sketchs reflétaient le langage de la rue. En cela, il y avait du Audiard en lui.

Coluche fascinait les foules. Des plus anonymes aux plus brillants. Jusqu'à François Mitterrand ! De toute évidence, en dix ans, jamais un artiste n'avait autant dominé son sujet et attiré vers lui le public, les médias et les politiques. Il faut bien se rendre compte, vingt ans plus tard, de sa dimension. Personne ne "boxait" dans sa catégorie. Seul Johnny Hallyday pouvait rivaliser, dans un autre registre. J'ajouterais même que lorsqu'on touche autant de monde, qu'on est aussi populaire, qu'on remplit autant les salles, il est rare qu'on séduise également les élites. Lui, avait réussi cela ! Et pourtant, il faisait mourir de rire la France en dénonçant le racisme, la xénophobie, l'antisémitisme, tout en réglant leur compte aux intellectuels, aux politiques, aux universitaires. Les autres grands humoristes de l'époque ne s'engageaient pas autant, excepté Guy Bedos. Michel a marqué les esprits pour cette raison. Vingt ans après, dans une émission intitulée *Le plus grand français de tous les temps*, que j'ai présentée récemment, Coluche demeurait toujours parmi les dix personnalités préférées du public. Ce n'est pas un hasard. Il était un humoriste engagé, jusqu'à l'aboutissement des *Restos*. D'ailleurs, j'ai participé au clip de la chanson écrite par Jean-Jacques Goldman, avec entre autres Nathalie Baye, Yves Montand, Catherine Deneuve, Michel Platini...

Coluche est mort et je reste persuadé qu'il avait devant lui un prodigieux boulevard. Sa carrière au cinéma, au music-hall, dans les médias aurait pris une ampleur phénoménale. Personne n'avait autant de cordes à son arc. Ses saillies spectaculaires sur toutes les scènes et dans tous les médias dépassaient de loin les standards de l'époque. Coluche, comme Thierry Le Luron, dégageait une aura incroyable. Pour le jeune producteur que j'étais, les inviter représentait un évènement. Une garantie aussi pour la qualité du programme. Avec Coluche, il se passait toujours quelque chose. Il était l'artiste le plus drôle jamais vu sur scène. Un constat également valable pour la radio, où il faisait mourir de rire les auditeurs d'*Europe 1*. Même s'il m'a enlevé ma collaboratrice Maryse, qui a eu raison, bien entendu, de vivre une telle aventure. Qu'elle le sache, je ne lui en veux pas...

C'est Paul Lederman qui m'a présenté Michel au début des années soixante-dix. Et comme beaucoup de personnes de ma génération, je faisais confiance à Paul. Il s'était déjà occupé de Claude François, de Michel Polnareff et Coluche commençait à bien marcher au *Café de la Gare*. Si Ledermann croyait en lui, il avait sûrement raison. Alors je suis allé le voir sur scène et j'ai découvert une troupe incroyablement talentueuse. Avec le recul, je me dis que Miou-Miou, Patrick Deweare, Renaud, Henri Guybet et Romain Bouteille ont tous réussi de belles carrières. Il est rare que plusieurs éléments d'une même troupe parviennent ainsi à s'imposer séparément. Ils sont tous devenus des vedettes, mais pour moi, Coluche sortait du lot. J'étais fasciné par sa présence sur scène, son timbre de voix et j'ai décidé de l'inviter dans l'émission que je présentais alors, *Les rendez-vous du dimanche*. Là encore, à la télévision, il a fait un véritable show. J'ai acquis la certitude à ce moment-là qu'avoir Michel dans une émission garantissait un vrai succès d'audience, même si nous ne pouvions pas à l'époque réellement mesurer l'impact statistique.

Coluche, c'était un raz-de-marée ! Son accoutrement, sa voix, la force du personnage, ses textes ont fait des ravages en télévision. Il y venait pour jouer ses *one man shows* et il cartonnait. Dès lors, comment pouvait-il en rester là ? C'était impossible qu'il se limite à la scène et je pressentais déjà qu'il allait s'exprimer par ailleurs, notamment au cinéma. Croyez-moi, un tel phénomène, en quarante ans de carrière, je n'en ai vu qu'un seul. Il n'a jamais fait un “bide”, où qu'il soit, quoi qu'il tente. Quand j'en avais l'occasion, j'allais le voir en gala en province. Je préfère l'atmosphère de ces salles aux grands shows parisiens. C'est mon côté provincial. Là aussi, il triomphait face à un public conquis d'avance.

Comment oublier également l'engagement de Coluche pendant la campagne présidentielle de 1981. Il faut voir à quel point il a effrayé les politiques. Il avait un impact incroyable sur le public. Et donc, sur l'électorat. Quand je songe qu'il a flirté avec les 15 % dans les sondages ! A droite, je peux vous assurer que Valéry Giscard d'Estaing n'appréciait que modérément la plaisanterie. Son entourage se demandait jusqu'où Coluche allait bien pouvoir aller. A gauche, ils n'étaient pas sereins non plus. Ceux qui appréciaient Michel étaient essentiellement des gens de la rue. De "la France d'en bas", comme dirait Jean-Pierre Raffarin. Autrement dit, des électeurs potentiels du Parti Socialiste. Je revois encore la "une" du *Nouvel Observateur* avec Coluche président, en bleu-blanc-rouge. Quel impact ! Avant lui, aucun comique n'avait fait la couverture d'un magazine de société. Idem pour *L'Express* et *Paris-Match* ! En quelques semaines, Michel avait encore pris une autre dimension. Il devenait incontournable. Jusqu'à ce que la plaisanterie s'arrête enfin. Il était temps car il régnait une grande tension autour de sa candidature. Ce Coluche là m'a laissé un souvenir très fort.

Un soir, en 1983, Coluche est venu dîner chez moi. Manifestement, il n'était pas bien dans sa peau, il traversait une mauvaise passe. A l'époque, il tournait *Tchao Pantin*. Pour ceux qui l'ont connu à ce moment là, il est étonnant de constater que son personnage dans le film reflétait sa vie d'alors. Le rôle était magnifique. Ce soir-là, j'ai rencontré un homme émouvant, fatigué, qui s'est confié jusqu'à trois heures du matin. J'étais captivé. Sans le savoir, il avait réalisé un exploit car je suis habituellement dans mon lit avant minuit ! Mais il m'était apparu tellement triste. Quand je l'ai raccompagné en voiture, qu'il fut dur de le laisser seul, désemparé. Je le sentais dépressif, au bord de la rupture. J'ai eu peur pour lui. Heureusement, il a su remonter la pente et cette attitude désespérée n'a pas duré.

Honnêtement, je ne vois pas qui a remplacé Coluche. D'ailleurs, je ne sais même pas s'il est encore possible d'avoir la même liberté de parole aujourd'hui. C'est une vraie question. Peut-être Jean-Marie Bigard est-il l'artiste qui se rapproche le plus de Michel ? Mais attention, si Bigard lui ressemble sur scène, la comparaison s'arrête là. Coluche était aussi une immense star de cinéma, de radio, de télévision.

Je pense souvent à lui. Parfois même, j'ai des flashs, sur la route, en l'écoutant sur la radio *Rire et chansons*. Il n'y a pas non plus une saison de *Vivement Dimanche* sans la diffusion de sketchs de Coluche. Souvent les mêmes d'ailleurs : *Les milieux autorisés*, *Gérard*, *La pub*... Coluche est toujours avec nous. Et c'est tant mieux. »

Paul Lederman

Pygmalion de Coluche, Paul Lederman prétend ne pas vivre dans la nostalgie. Pourtant, dans son bureau, sont affichés les disques d'or et les photos de Coluche. Et lorsqu'il évoque son ami, l'émotion est perceptible. Il faut dire que les deux hommes ont tout partagé pendant quatorze ans. La gloire et les vicissitudes de la vie.

Propos recueillis le 16 juin 2005.

« Comment ne pas repenser à cette phrase de Coluche, sur *Europe 1*. Une belle connerie de Michel. Il avait dit, dans une interview : *« A ma mort, je souhaite que ce soit Lederman qui s'occupe de l'enterrement. Au moins, il y aura du monde... »*. Quand j'y songe, cela me fait mal. Le jour du drame, je me souviens avoir appelé la villa d'Opio vers 13h00. Notre ami Aldo Martinez m'a répondu que Michel était parti déjeuner à Cannes. Il me rappelerait à son retour. Le téléphone a donc sonné en début d'après-midi, mais c'était à nouveau Aldo au bout du fil. Il m'a dit : *« Putain, Coluche est mort ! »*. C'était impossible à imaginer. Je ne parvenais pas à imprimer, je me sentais groggy. Me voyant dans cet état, Claude Martinez est entré dans mon bureau. Je lui ai dit : *« Qu'est-ce qu'on fait là ? Notre place est là-bas, auprès de lui. »* Nous avons pris le premier avion pour Nice. Vingt ans plus tard, je peux vous faire cette confidence : c'était tellement fusionnel entre Coluche et moi que je ne sais pas s'il est réellement mort. Certains deuils sont impossibles...

On avait quatre ans de différence et il est parti comme cela, sans prévenir. Je pense très souvent à lui, comme à Thierry Le Luron et Claude François, mes autres artistes disparus. Mais Michel était un être particulier. Il n'y a pas de nostalgie, plutôt une souffrance certaine, un vide incommensurable. Une blessure aussi par rapport à ce qui s'est passé ensuite avec quelques uns de ses proches qui ont essayé de me salir. Dix-huit ans de procès ! Michel n'aurait jamais admis cela…

Avec Coluche, je n'ai eu aucun mérite car je ne pouvais pas échouer. C'est comme en football quand vous avez Platini ou Zidane dans votre équipe. Vous pouvez être un entraîneur minable, ils vont toujours se débrouiller pour vous faire gagner le match. Michel, même moyen, était toujours suffisamment bon pour faire un spectacle correct. C'est incroyable comme ses textes restent d'actualité. Il a tout fait, tout dit, avant les autres.

Avant de devenir l'artiste que tout le monde admire, il était surtout un être humain exceptionnel. Sa mort, je l'ai prise comme celle d'un homme que j'aimais profondément avec lequel j'avais eu le privilège de partager des moments singuliers. Dans ma vie, je n'ai pas souvent eu face à moi une personne de la trempe de Coluche. Aujourd'hui, ce qui me frappe le plus, ce sont ces gens qui parlent de Michel comme s'ils l'avaient bien connu. Parfois, certains récupèrent même honteusement son image alors qu'ils ne l'ont que croisé. Comme ils se trouvaient près de la lumière, ils pensent être illuminés. C'est la raison pour laquelle je parle très peu publiquement de Coluche. Ce qui me frappe, c'est que personne ne ment réellement, mais chacun a sa vision de l'histoire. A ce sujet, je retiens cette déclaration de Coluche à la radio. Un jour, il a dit que la seule personne qu'il devait remercier, c'était moi. J'en fus extrêmement flatté. Il n'était pas obligé de me faire ce compliment, mais entre nous il y avait respect, confiance, amitié et reconnaissance. J'ai vraiment le sentiment d'être l'un des seuls à ne pas être passé à côté du grand Coluche. Tout comme j'ai été très proche aussi de Thierry Le Luron. Pour connaître quelqu'un, il faut passer beaucoup de temps avec lui, ce qui était notre cas. Il convient également d'avoir envie de le comprendre vraiment. Coluche n'était certes pas l'abbé Pierre, mais il était si généreux avec les autres, avec son public. Jamais, par exemple, Michel n'a présenté deux fois le même spectacle. Il ne voulait pas léser les gens, privilégiant le partage. Et s'il reste profondément ancré dans le cœur du public, c'est principalement pour cette raison.

La première fois que nous nous sommes rencontrés, c'était en 1972, lors de l'inauguration d'une régie publicitaire rue de Ponthieu à Paris. Une fête était organisée, avec des spectacles à tous les étages, des artistes dans tous les couloirs. Au sous-sol, engoncé dans un petit recoin, se trouvait Coluche. D'un coup, je l'ai vu, j'ai entendu et j'ai trouvé le personnage extraordinaire, tout simplement génial. J'ai attendu la fin de son spectacle pour discuter avec lui. Il savait qui j'étais et ce fut le début de notre aventure.

Il ne ressemblait à aucun autre. Il était unique en son genre. Ceci dit, tout le monde a oublié que nos premiers mois de collaboration furent douloureux. Personne ne venait le voir sur scène. Quand je dis personne, c'est personne. Pourtant, c'était fabuleux. On cherchait à comprendre pourquoi le public n'accrochait pas. Le spectacle ? Le choix du théâtre ? Le manque de promotion ? On ne comprenait pas et, de fait, les spectateurs sont venus progressivement voir Michel. Quelques mois plus tard, il triomphait.

Ses grands moments de déprime viennent de son enfance. Son père, un maçon italien sans grande culture, était un homme formidable. Il avait épousé une jeune femme issue d'une famille de fleuristes. Michel disait que ces gens ne s'étaient jamais bien comportés avec ce monsieur Colucci. Ce vécu douloureux sera à la base de son malaise existentiel. Tout comme le souvenir de sa mère souvent malade, dans une clinique de Berck-sur-Mer, l'a aussi marqué énormément. Peu de monde sait cela. Parfois, dans nos discussions, il se confiait. L'amitié c'est cela. Sa fragilité et ma sensibilité se sont rencontrées. Je ressens instinctivement une âme en détresse. Nous avions une relation personnelle exceptionnelle. Ce qui a engendré beaucoup de jalousies de la part de son entourage...

Du point de vue artistique, cette relation trouvait un prolongement. Je me souviens notamment d'un spectacle au *Gymnase* à Paris dans lequel Michel avait été mauvais. Comme d'habitude, le public ne s'était rendu compte de rien et lui avait fait un triomphe. Les gens venaient lui dire combien il avait été formidable, comme c'est souvent le cas dans le *show-bizz*. Je me trouvais à quelques mètres de la scène et il me questionnait de la tête. Evidemment, je lui répondais par un hochement qu'il n'avait pas été bon. Il savait que je l'aimais et que je lui disais la vérité. Il avait confiance en moi et il lui fallait ce miroir. A partir de ce jour-là, il n'a plus jamais demandé l'avis de qui que ce soit d'autre. Par la suite, il se connaissait tellement bien qu'il corrigeait lui-même ses erreurs. Parfois, j'hésitais et je fermais ma gueule. J'évitais de lui faire des remarques et je me rendais compte que son intelligence et son intuition m'avaient précédé. Il avait tout réajusté en quelques représentations. Formidable ! C'était aussi cela son talent.

Concernant la partie artistique de sa carrière, j'étais devenu son seul interlocuteur. Je me souviens qu'à l'approche de son nouveau spectacle en 1986, j'étais descendu à Opio pour qu'il me fasse écouter l'enregistrement sur K7. A peine avais-je posé mes bagages, qu'il quitta aussitôt ses amis pour m'emmener en voiture vers Cannes. On roulait dans sa décapotable, le volume de l'auto radio au maximum. Il guettait mes réactions. Quand nous sommes arrivés, il m'a regardé d'un air interrogateur : *« Alors ? »*. *« C'est super »* lui répondis-je. Il avait trouvé la base d'un incroyable spectacle et il ne restait plus qu'à le peaufiner. Je savais comment il travaillait et il ne faisait aucun doute que ce *one man show*, prévu au *Zénith*, aurait fait un carton.

Je n'ai jamais fait partie de son cercle d'amis. Je veux parler bien entendu de ceux qui rythmaient ses soirées. A cela, il y a d'abord une raison objective : je ne me droguais pas. En revanche, c'est vers moi qu'il revenait lorsqu'il sentait que cette saloperie l'envahissait et le détruisait. Aller contre Coluche, ce n'est pas aller contre n'importe qui, mais il savait que je ne le lâcherai pas. Je précise que je parle de cette période de sa vie parce qu'il l'a évoquée publiquement. Il m'était insupportable de voir cet être humain se détruire de la sorte alors qu'il était en bonne santé. D'autant plus qu'à cette époque, je me battais aux côtés de certains de mes proches inéluctablement emportés par la maladie. Alors, la drogue, je ne pouvais pas l'accepter ! Les autres ne pouvaient pas lui apporter cette aide. Moi oui...

Je me souviens d'un soir où nous étions chez moi. Il s'est mis à me parler comme un niais. Il ne disait que des choses insensées, il ricanait. C'était affreux de le voir ainsi car je ne parvenais pas à l'aider. J'étais bouleversé tellement la drogue en avait fait un âne. Cette situation a duré quelques mois sans qu'on ne puisse rien faire. Jusqu'à ce qu'il retrouve l'envie de se prendre en main. Je me souviens qu'il m'a appelé au bureau dix-huit fois dans la même journée. Je les ai comptées ! A chaque fois, voyant son état, j'ai raccroché. La dix-neuvième fois, je me suis dit que je que ne pouvais pas l'abandonner. Il fallait que je lui laisse une chance. Je lui ai dit des choses très désagréables pour qu'il fasse enfin marche arrière. Je pense qu'il a réussi à se sevrer de la drogue dure, mais il n'est pas parvenu à se passer des pétards. Peu importe, je l'ai vu se battre comme un fou pour refaire surface et j'étais fier de lui.

J'ai alors senti qu'il pourrait remonter sur scène, que le public allait lui en donner la force. Avant cela, je lui ai proposé de faire à nouveau de la radio sur *Europe 1*. Il a été emballé et il a repris confiance. Je l'ai vu revivre... Concernant le cinéma, j'ai de grands regrets. J'aurais tellement aimé que Coluche écrive son film, son scénario. Les rôles qu'il a tournés, c'était bien, mais ce n'était pas lui. Il aurait pu donner plus. On n'a jamais vu le meilleur de Michel à l'écran.

Il y eut également cette fameuse campagne présidentielle de 1981. Elle nous a valu de sévères disputes. Je ne voulais pas le suivre car j'estimais la manière inadéquate. Selon moi, faire campagne dans *Charlie Hebdo* le coupait de toute indépendance. Il ne comprenait pas que cette association le cataloguait politiquement. Je n'étais pas d'accord et je le lui disais. Il a donc commencé tout seul puis un soir il est venu me voir en me demandant de l'aider à nouveau. Je lui ai dit que, s'il me laissait faire, je l'aiderais et qu'il me faudrait quinze jours à peine pour relancer sa campagne. J'ai fait mieux : quelques heures plus tard, la France entière savait que Coluche était candidat. Je ne vous dévoilerai pas comment je m'y suis pris, mais mon réseau a parfaitement fonctionné. Rapidement, la blague a pris l'ampleur que vous savez. Ce qui nous aurait fait le plus plaisir, c'est que Coluche parvienne à s'immiscer dans la campagne officielle télévisée. Vous l'imaginez, dans les messages des partis politiques, s'exprimant entre Mitterrand et Giscard d'Estaing. Quelle rigolade cela aurait été. Il aurait été bien meilleur qu'eux !

Que serait devenu Michel aujourd'hui ? Peut-être aurait-il évolué vers la politique ? Son engagement était crédible. Il aurait pu faire de grandes choses, se battre pour de grandes causes, à l'image des *Restos du cœur*. Il était si populaire. En tous cas, il aurait la même liberté de parole... »

Dick Rivers

Avec Johnny Hallyday et Eddy Mitchell, Dick Rivers importa le *rock'n'roll* en France dans les années soixante, inspiré par Elvis Presley et Gene Vincent. Cheveux noirs gominés, jeans inusables, bottes de *cow-boy*, un look repris par Coluche. Et pour cause, les deux hommes partageaient la même passion pour le *rock*...

Propos recueillis le 29 août 2005.

“ Pourquoi le nier : Michel nous manque considérablement. A la société qui en aurait bien besoin et à moi, bien entendu. Depuis ce maudit jour de juin 1986, je pense souvent à lui, à nos parties de rigolades lors d'interminables dîners, à nos conversations sur la musique, en particulier le *rock*. C'était à ses débuts, lorsque l'étoile Coluche n'avait pas encore atteint son firmament. Que les amis auto revendiqués n'avaient pas fait intrusion dans sa vie. Moi, je l'aimais sincèrement, car ce type avait la *rock'n'roll* attitude...

Notre première rencontre remonte précisément à 1972. Je rentrais tout juste de New-York où j'avais assisté au triomphe de la comédie musicale *Grease*. En rentrant dans mon appartement, j'ai trouvé une invitation pour aller au *Vrai Chic parisien*. Sur le coup, vu le nom, je pensais qu'il s'agissait d'un défilé de mode. Je me suis renseigné et c'était en fait un café-théâtre de la rue d'Odessa. Curieux de nature, toujours ravi de sortir le soir, je suis arrivé dans une petite salle où seulement cinq ou six spectateurs avaient pris place. Sur le coup, j'avoue que j'ai eu un moment de doute. Me demandant ce que je faisais dans cette galère. La suite ? Un incroyable spectacle joué par une troupe d'artistes étonnants. Honnêtement, j'en pleurais de rire... Après la représentation, on m'a présenté ces personnes, dont Michel. Et là, alors que je venais lui dire tout le bien que je pensais du spectacle, il m'a parlé *rock'n'roll* et ne m'a plus lâché, m'avouant qu'il en était fan et que j'étais son idole !

Nous sommes devenus très copains. Au point que je l'invitais régulièrement à dîner chez moi où il se régalait de pâtes. Que dis-je ! Il les dévorait, à toutes les sauces. Sans doute ses origines italiennes… Notre complicité s'amplifiait au fil du temps. J'allais souvent le voir sur scène, avec tout le *show bizz* parisien dans mon sillage. Si bien que son taux de remplissage s'est amélioré sensiblement. Je me souviens que parfois, après le *Vrai Chic parisien*, pour gagner sa vie, il allait se produire seul dans un petit cabaret de la rive gauche, *Le port du salut*. Il m'arrivait de le suivre et c'est vraiment là, dans cette petite salle, que j'ai pris la mesure de son talent de *show man*.

Un jour de 1973, Aldo Martinez, qui s'occupait de mes intérêts et qui connaissait également Coluche, m'a appelé pour faire l'*Olympia*. Une salle mythique où j'adorais me produire, comme la plupart des artistes. Evidemment, j'ai accepté sa proposition, mais je lui ai demandé dans la foulée de prendre Michel pour faire ma première partie avec sa comédie musicale *Ginette Lacaze*. Un humoriste précédant un chanteur : le pari semblait osé. Aldo a téléphoné aussitôt à Jean-Michel Boris, le bras droit de Bruno Coquatrix, directeur de l'*Olympia*. Le sentant hésitant, j'ai emmené Jean-Michel voir Coluche sur scène afin de le convaincre définitivement. Il avait été emballé, mais semblait se demander comment un tel spectacle allait pouvoir embraser l'*Olympia*. Pour forcer la décision, j'ai donc pris mon téléphone et j'ai dit à Coquatrix : *« Ce sera avec Coluche ou rien ! »*. Mieux, j'ai imposé que son nom soit sur l'affiche, juste au dessous du mien. En lettre capitales, rouges. Ce qui n'est jamais le cas des premières parties. Et j'ai gagné mon pari. Coluche a fait un tabac avec mes fans. Je me souviens même qu'il arrivait en Harley Davidson sur scène. Impossible d'être plus *rock'n'roll* ! Un an après, Coluche se produisait en vedette à l'*Olympia*… Lorsque je suis allé le voir dans cette salle, j'ai pris conscience du charisme de Michel. Peu de personnes le savent, mais son rêve était de m'inclure dans son spectacle. Il n'a pas arrêté de me solliciter pour cela. Je l'avoue maintenant, je me suis dégonflé. Je n'ai jamais osé. A l'époque, répétons-le, on ne mélangeait pas trop musique et humour dans un même spectacle. Puis, la vie a fait que nos chemins se sont peu à peu éloignés. Franchement, avec sa notoriété croissante, il drainait de nouvelles fréquentations, trop opportunistes. Et puis, il n'y avait pas les téléphones portables... Je l'ai donc vu grandir de loin, sans amertume ni nostalgie. Egoïstement, peut-être aurais-je apprécié qu'il cite mon nom en évoquant ceux qui lui avaient mis le pied à l'étrier. Il ne l'a jamais fait.

Aujourd'hui, beaucoup d'humoristes ont du talent. Mais pas un seul n'a remplacé Michel. *Les Guignols* de *Canal Plus* ont conservé ce ton, cette liberté. Dans les textes de Bruno Gaccio, l'un des auteurs, je retrouve parfois ce culot. S'il était encore vivant, Coluche serait encore le meilleur, et de loin. Personne ne pourrait rien lui dire, ni le censurer, après tant d'années. Il pouvait déjà tout se permettre à l'époque, alors vous imaginez maintenant ? Nous aurions bien besoin de lui en tous cas. Ce jour de juin 1986, quand Aldo Martinez m'a appris la nouvelle de sa mort au téléphone, j'ai perdu un être cher. Une de ces personnes qui laissent une trace indélébile. Et ma peine n'était pas prête de se dissiper : ce soir-là, toutes les télévisions lui rendaient hommage en boucle. A l'image du 11 septembre 2001 après les attentats à New-York. Impossible alors de trouver le sommeil... »

Philippe Gildas

Personne n'a oublié les années *Nulle part ailleurs*, version Gildas-De Caunes. L'animateur vedette de *Canal Plus* a laissé une trace indélébile dans la mémoire collective. Il fut également l'un des promoteurs de l'arrivée de Coluche sur la chaîne cryptée. Et bien avant, à la radio, sur l'antenne d'*Europe 1*...

Propos recueillis le 8 juin 2005.

« Evoquer Michel est toujours douloureux même si le temps a atténué cette sensation. Impossible pourtant d'effacer de ma mémoire ce sinistre jour de 1986 quand le téléphone de mon bureau a sonné à *Europe 1*. Au bout du fil, Paul Lederman, le producteur de Coluche, m'a appris le drame. J'étais assommé, incapable de réagir. Happé par des obligations de circonstance, comme cette émission spéciale de *Canal Plus* dédiée à Coluche, je n'ai pas réussi à être moi-même à l'antenne. Tout comme Michel Denisot, le présentateur de cette émission, également effondré. C'était la première fois que je ressentais une telle impression. Même au décès de mes parents, j'avais réussi à dissocier ma vie privée de mon activité à la radio. Parvenant ainsi à faire mon métier malgré la douleur. Là, c'était au-dessus de mes forces.

La violence et la soudaineté de sa disparition m'ont profondément affecté durant de longs mois. Il est parti trop tôt, laissant derrière lui un énorme vide. Personne n'a remplacé Coluche même si certains talents ont compris le sens de son humour et ont su s'en inspirer. Notamment *Les Nuls* qui, selon moi, sont les descendants les plus légitimes de Michel. Dans le ton, des artistes comme Patrick Timsit ou Jean-Marie Bigard peuvent également être considérés comme des enfants de Coluche. Pour autant, la comparaison s'arrête là...

La première fois que j'ai vu Coluche en 1972, c'était sur une scène. Celle du *Café de la Gare*. Peu connu à l'époque, il y jouait dans une pièce avec Romain Bouteille. Il y avait plein de comédiens de talent comme Miou-Miou, Patrick Deweare, Henri Guybet, Renaud, mais je me souviens parfaitement que Michel sortait du lot. Je n'ai pas osé aller le voir, mais j'ai assisté à d'autres spectacles par la suite. Pas aussi souvent que je l'aurais souhaité cependant, car j'étais animateur à la radio et je devais travailler dès 3h30 du matin. A cette époque, j'occupais également les fonctions de directeur adjoint de la rédaction d'*Europe 1* et c'est avec une certaine curiosité que j'ai vu débarquer Coluche sur l'antenne en 1978. Je présentais le 6h-9h quand René Cleitman, le directeur des programmes, a eu l'idée de lui proposer une émission. Une initiative qui ne plaisait pas vraiment aux journalistes de la rédaction. En effet, Michel avait décidé de faire une revue de presse et des billets politiques. Du coup, les journalistes de la station avaient le sentiment qu'il empiétait sur leur territoire. Ceci dit, le ton était nouveau sur *Europe 1* et il avait pour mission de concurrencer Philippe Bouvard et ses *Grosses têtes* sur *RTL*. Ce qui était tout de même, faut-il le souligner, un sacré pari. Et très franchement, je peux vous assurer qu'il a révolutionné les après-midis d'*Europe 1*.

Je me souviens parfaitement que Coluche venait me voir à la fin de mon émission, quand je quittais le studio, pour faire avec moi un point sur l'actualité. Je lui mettais des dépêches de côté, y compris celles non utilisées, mais susceptibles de l'intéresser. Ainsi est né entre nous une sincère connivence. Nous avons pris du plaisir à partager cette époque malgré les réticences, je le répète, de la rédaction. D'ailleurs, je préférais que nos entrevues restent discrètes... A vrai dire, je n'imaginais pas qu'il nourrissait une telle passion pour l'information. De ce point de vue, il m'a réellement bluffé.

Les dirigeants d'*Europe 1* ont été très satisfaits de ses débuts à l'antenne et Coluche a acquis ces années-là, en 1978 et 1979, ses galons d'homme de radio en allant à la conquête d'un large public. Ce fut incontestablement un succès même si certains n'appréciaient pas du tout son ton : les anciens combattants, les représentants de l'église, la famille Grimaldi de Monaco, qu'ils n'épargnaient pas. Mais la direction d'*Europe 1* a tenu bon. Quand je pense que tout cela s'est terminé de manière très politique, Coluche ayant fini par se déclarer candidat à la Présidence de la république ! J'avais la conviction qu'il n'irait pas au bout. Je pensais qu'il décrocherait plus rapidement. Or, je crois qu'à un certain moment, il a fini par croire à l'utilité de son engagement. A tel point que, surtout à gauche, on s'est ému de cette candidature.

La carrière de Coluche a vraiment décollé après l'élection de François Mitterrand en 1981. Avec le cinéma et notamment *Tchao Pantin*, il a pris une autre dimension. Je l'ai donc moins vu d'autant que durant sa période cinéma, la santé et le moral de Michel ont décliné. Il ne se sentait pas bien dans sa peau et cela se voyait. A plusieurs reprises pourtant, Coluche m'a téléphoné pour me dire qu'il avait toujours envie de faire de la radio. Pour lui, il s'agissait d'une vraie passion et le contact avec les auditeurs lui manquait. En 1983 et 1984, j'ai repoussé ses propositions. Je ne le trouvais pas en état de faire de l'antenne et les concepts qu'il me proposait me semblaient pour le moins farfelus. Par exemple, il souhaitait faire un éditorial politique à 8 heures du matin en direct... mais de la Guadeloupe, où il s'était réfugié. Ce qui signifie en début d'après-midi, vu de Paris ! De plus je le sentais totalement déconnecté de l'actualité. Le moment ne paraissait donc pas opportun, mais je ne l'ai jamais rejeté...

Au printemps 1985, Michel a débarqué dans mon bureau à *Europe 1* avec un dynamisme retrouvé. Il était métamorphosé avec un réel désir de faire de la radio. J'ai aussitôt compris que le vrai Coluche était de retour et je lui ai rouvert les portes d'*Europe 1*. Il m'avait précisé qu'il n'en ferait pas une question d'argent et nous nous sommes quittés avec le sentiment que tout était réglé. Le lendemain pourtant, son producteur Paul Lederman prit contact avec Jacques Abergel, le patron de la station, pour négocier le salaire de Coluche. La demande était faramineuse, aux alentours de 500 000 francs ! Pas un animateur ne touchait pareille rémunération à l'époque. On était même très loin des standards. Face à ses prétentions, nous avions du mal à nous décider et j'ai donc organisé un vote à trois, avec Jacques Abergel, Pierre Baret et moi-même. Coluche a obtenu deux voix et nous l'avons embauché dès l'été 1985. *Europe 1* n'a pas regretté ce choix.

Coluche avait pour mission de redresser l'audience de la tranche totalement sinistrée de l'après-midi, dominée par les radios libres. Sur ce créneau, les parts de marché de la station dégringolaient. Il fallait donc une forte personnalité pour relever ce défi et Coluche s'en est magistralement tiré. Son fond de commerce, la revue de presse, les blagues, les dialogues avec les auditeurs en direct, a fait merveille. Et cette fois, son ton a aussitôt fait l'unanimité à *Europe 1*. D'abord avec l'animatrice Julie durant les mois de juillet et d'août puis avec Maryse dès la rentrée de septembre. Elle avait pour mission de gérer son agressivité, de le rendre gentil. Elle a tellement bien réussi que Coluche est rapidement devenu “Mimi le gentil” avec au final la création des *Restos du cœur*. A la radio, il devait être plus consensuel que sur scène pour attirer le plus grand nombre d'auditeurs. Vous savez, les *Restos*, il y a mis tout son cœur et *Europe 1* était ravi de s'associer à cette opération.

Parallèlement, une autre idée a germé dans mon esprit : amener Coluche sur *Canal Plus*, qui venait de naître et qui représentait un espace total de liberté et de créativité dans le paysage audiovisuel français. Avec Pierre Lescure, durant l'été 1985, nous avions envie de mettre à l'antenne une parodie du journal télévisé avec Coluche aux commandes. Ainsi est né *Coluche 1 faux*, émission dans laquelle Michel commentait l'actualité à sa manière. Evidemment ce fut un vrai succès qui allait être à l'origine des *Arènes de l'info* puis des *Guignols de l'Info*. Une idée d'Alain de Greef, le directeur des programmes de l'époque.

Durant cette période, je passais assez rarement chez Michel, rue Gazan, où il réunissait presque tous les soirs ses copains. Mes obligations à la radio ne me permettaient pas de veiller tard le soir. Je me souviens toutefois d'une soirée vraiment exceptionnelle organisée par son producteur Paul Lederman après sa dernière émission sur

Europe 1. Il se trouve que Coluche avait toujours rêvé de dîner au restaurant *La Tour d'argent* dans l'alcôve qui fait face à l'église Notre Dame sur le bord de Seine à Paris. Ce soir-là, j'ai vu Michel, les yeux écarquillés, tel un enfant à qui l'on vient d'offrir le cadeau dont il rêvait. Depuis, je n'y suis plus jamais retourné. »

Sotha

Catherine Sigaud, dit Sotha, fut l'un des membres fondateurs du *Café de la Gare* et l'épouse de Patrick Deweare. Réalisatrice de cinéma, elle est restée fidèle à ce théâtre dans lequel se sont jouées nombre de ses pièces. De Coluche, elle ne veut retenir que le meilleur.

Propos recueillis le 10 février 2005.

« Le téléphone n'arrêtait pas de sonner. Nous étions au *Café de la Gare*, en pleine répétition. Lassé par la sonnerie, quelqu'un a enfin décroché et aussitôt appelé Romain Bouteille. A haute voix, il lui a dit : *« Il faut que tu viennes. Coluche s'est viandé. »* Tout le monde s'est arrêté sur le champ. Romain a pris le combiné, écouté silencieusement, l'air hagard. Il s'est tourné vers nous et a confirmé la terrible nouvelle. Nous étions complètement atterrés. Je ne sais pas pourquoi, par réflexe peut-être, nous avons eu l'idée de dresser la table dans la cour, devant la porte du théâtre. Nous avons commandé du champagne au *Studio*, le restaurant d'à côté. On voulait marquer le coup de cette manière.

On avait le sentiment d'être maudits ce jour-là. La mort de Patrick Deweare nous avait déjà anéanti. Et là, Coluche. On se demandait qui serait le suivant. Dire qu'on s'apprêtait à retrouver Coluche dans nos murs. Il venait en effet de réserver le *Café de la Gare* pour roder son nouveau spectacle en septembre. La veille de sa mort, on avait même reçu une avance pour la location de la salle. Pour nous, financièrement, la venue de Coluche tombait bien. Le jour des obsèques, sa femme, Véronique, y a repensé. Elle a dit à Romain, près du cercueil : *« Il vous a fait un sale coup »*... Avec Coluche, notre première rencontre eut lieu à *La Méthode*, en 1968. J'accompagnais Romain qui s'y produisait. Michel était là. Il voulait absolument avoir son avis sur ses sketchs de l'époque. On sentait qu'il avait envie de s'exprimer, alors qu'il n'était qu'un modeste chanteur ambulant aux Halles à Paris. Ses sketchs, c'était sa vie ! Evidemment, nous n'y attachions pas la même importance. Après tout, ce n'étaient que de petites phrases sans chute. Mais ce fut le début de leur collaboration. Quelques mois plus tard, Romain m'a exposé le projet du *Café de la Gare* et on s'y est associé, avec Patrick Deweare. A l'époque, Patrick avait déjà connu le vedettariat et ses contraintes. Il en avait assez et voulait s'en éloigner. Il semblait heureux de se joindre à nous, mais sa célébrité créait une distance avec les autres. Coluche et Romain ont d'ailleurs mis du temps à l'intégrer totalement. Patrick est pratiquement retombé à zéro lorsqu'il est venu au *Café de la Gare*. Mais c'est là qu'il se sentait le mieux.

Au début, le spectacle se résumait à des tours de chant de Rufus et de Jean-Pierre Santier. De notre côté, nous avions en charge les sketchs de liaison nés de petites improvisations durant les travaux. L'improvisation, c'était notre moteur et Coluche paraissait très doué à ce petit jeu. A chaque fois qu'on faisait mouche, on intégrait ces nouveautés aux sketchs. A tel point qu'on était obligé de couper. Initialement, ces sketchs devaient durer deux minutes. Ils finissaient par en faire vingt-cinq ! Petit à petit, ils sont même devenus l'attraction du spectacle. A la fin, il n'y avait plus que cela, regroupés sous le titre *Allume, j'étouffe*.

On a réellement débuté l'aventure en juin 1969. Sans grand succès et sans Coluche pendant le premier mois car il tournait *Le pistonné*. Coïncidence ou pas, à son retour, la salle a commencé à se remplir puis le succès a été rapide. Je me rappelle qu'on avait mis du temps à ouvrir car on n'arrivait jamais à obtenir l'autorisation. On s'est même rendu compte au bout de six mois de travaux qu'on n'avait pas de permis de construire ! Une fois le théâtre achevé, Romain a proposé à ceux qui étaient là de participer au spectacle. On s'est donc retrouvé à neuf sur scène. Neuf personnes qui, excepté Guybet, avaient toutes au moins couché avec l'un des autres membres ! « *Le copinage en concubinage* » comme disait Coluche...

D'ailleurs, quand on nous demandait comment il fallait faire pour entrer au *Café de la Gare*, Michel répondait : « *Il faut coucher* » !

On a financé les travaux avec notre propre argent. Romain travaillait un peu, Coluche s'occupait de son cabaret, Patrick faisait des synchros... Nos parents nous aidaient, nos amis aussi, comme Pierre Perret, Ely Scudero, Jean Ferret, Raymond Devos ou encore Michel Galabru. Sincèrement, on avait du mal à payer le loyer. Mais peu importe, on était bien ensemble. Parfois, après le spectacle, nos discussions se poursuivaient jusqu'au petit matin…

Le *Café de la Gare* était un brassage d'idées et de gens désireux d'attirer l'attention des metteurs en scène. Chacun avait son talent, l'équilibre se faisant naturellement. Quand le spectacle a commencé à marcher, on partageait équitablement la recette en dix parts. Neuf pour les comédiens et la dixième pour couvrir les dépenses courantes. Ce n'est qu'au bout de deux ans qu'on nous a dit qu'il fallait créer une société !

Mais le phénomène des cafés-théâtres a pris trop d'importance. Jusqu'à deux cents à Paris. C'est à ce moment-là que Coluche est parti, après une dispute avec Romain. Le lendemain, embarrassé, Michel était revenu les bras chargés de cadeaux. Moi, il m'avait offert la guitare sur laquelle il avait appris à jouer. Puis, sans jamais nous oublier, il a volé de ses propres ailes. La preuve, plus tard, il est revenu roder ses spectacles ou louer la salle pour d'autres artistes. Il était très généreux. Je me rappelle qu'il avait particulièrement aidé une troupe qui s'appelait les *Bonbons magiques*, où évoluait notamment Charlotte de Turckeim. Il prétendait qu'on tenait là le nouveau *Splendid*. Il nous a demandé de les prendre pendant les vacances d'été. Il a payé la location jusqu'à ce que ça marche. De la même façon, il a aidé Richard Gotainer. Là, non seulement il a payé sa location, mais en plus il l'a aidé dans son spectacle. Il a aussi offert à Romain une moto neuve après qu'on lui ait volé la sienne. Quant à moi, il m'avait prêté pour réaliser un film. Mais je le lui ai rendu. Contrairement à Thierry Lhermitte, à qui j'en dois encore !

Par la suite, je n'ai plus jamais eu l'occasion de collaborer avec Coluche. Pourtant, on se voyait régulièrement lorsque mon compagnon Philippe Manesse et moi-même allions jouer au tennis près de chez lui. Un petit court situé à quelques mètres du Parc Montsouris. Par commodité, on dormait chez Michel après le spectacle. Cela nous permettait de filer directement au tennis le matin. Pas forcement très frais d'ailleurs, car nos nuits, souvent agitées, laissaient des traces. Impossible en effet d'aspirer au calme. Il y avait tellement de passage, de rencontres éphémères, sans réelle consistance. Ces gens-là cherchaient-ils seulement à me connaître ? Je ne pense pas. Seul Michel s'intéressait à moi. Il avait confiance, m'écoutait, me demandait mon avis. Ces conversations, il les enregistrait constamment avec son dictaphone pour s'en inspirer dans ses spectacles.

Il y a eu aussi ce voyage avec Michel en Guadeloupe. Il venait tout juste de se séparer de Véronique, sa femme. Il ne supportait plus, à ce moment-là, la vue d'un couple. Ça tombait mal. On était quatre : Josiane Balasko et son ami d'un côté, Philippe et moi de l'autre. C'était impossible de s'embrasser devant lui ! Alors, il se focalisait sur son bateau. Il disait qu'il voulait aller au Venezuela, juste pour faire le plein. Je me souviens qu'une fois il y est parti, sans succès. Il a fait une autre tentative, mais cette fois il est tombé en panne et ce sont des Belges qui l'ont secouru. Finalement, je crois qu'il n'a même pas réussi à aller en Guyane. Déjà, à cette époque, il n'était plus le même. La drogue l'avait changé. A ce sujet, Patrick Deweare m'avait dit : « *Avec ça, tu te sens le roi du monde.* » Je lui avais répondu : « *Tu te sens peut-être le roi du monde, mais tu ne l'es pas.* »

Même si je n'ai plus jamais travaillé avec Coluche après le *Café de la Gare*, j'ai monté une pièce avec son fils, Marius. Je l'ai connu tout petit. Je le voyais de temps en temps et je trouvais qu'il avait quelque chose de poétique. Bien entendu, ce n'est pas facile pour lui de porter le nom de Colucci. D'autant plus qu'il a la même voix que Michel. A force de visionner les cassettes des spectacles et des films de son père quand il était petit, il les connaissait par cœur. Il pouvait l'imiter à s'y méprendre. A l'époque, il avait vingt et un an et se cherchait. Il était assez timide et jamais satisfait. Marius semblait en tous cas heureux que quelqu'un s'intéresse à lui. Je lui avais écrit un rôle de gangster masqué afin que le public l'applaudisse pour sa prestation et rien d'autre. Au début, il était assez gros, mais il ne faisait pas de complexe sur son poids, comme son père. A l'époque, on disait que Coluche s'était laissé grossir car il trouvait cela plus rigolo. A cause de son surpoids, il s'était mis à porter la salopette. Il nous avait même converti ! C'est très pratique, ça permet de s'habiller n'importe comment. En plus, on peut mettre des déguisements par-dessus. Quand Coluche a trouvé son costume, cette salopette rayée issue d'un vieux stock de l'armée américaine, il en a offert à tout le monde. J'en ai encore une chez moi... mais elle est trop grande ! ”

Serge July

« *C'est un mec, y meurt !* ». Rien de plus banal, au fond. Tout le monde doit mourir un jour. Mais ce titre-là, à la "une" du quotidien *Libération* le 20 juin 1986, a marqué les esprits. Tout comme la photo de Coluche, reprise en couverture de ce livre. Serge July, l'incontournable patron de *Libé*, confesse une sincère tendresse pour ce personnage attachant.

Propos recueillis le 15 juillet 2005.

“ Il y a d'abord une chose qui me frappe. Près de vingt ans après sa mort, sur les radios de rire, Michel reste incontestablement le numéro un ! C'est fascinant. En télévision, même phénomène. Quand les chaînes veulent faire de l'audience avec des émissions sur les comiques, elles programment des spéciales sur Coluche. Avec Michel, le lien était quasiment familial. Son cœur battait entre *Charlie Hebdo* et *Libération*. Sa mort fait partie de ces évènements où on a la sensation que tout le monde est sur la même longueur d'ondes. Comme les attentats du 11 septembre 2001 ou la libération de Florence Aubenas, qui nous a touché de plus près encore au journal. Dans ces moments-là, on est pris dans le même mouvement. Pour Michel, je me trouvais au siège de *Libération* à Paris quand j'ai appris la nouvelle par un simple appel téléphonique. La surprise fut totale. Il avait tellement d'énergie que l'idée de sa disparition était forcément difficile à concevoir. En plus, il devait revenir sur scène. Il préparait le *Zénith*. Il voulait aussi refaire de la radio. Il venait de lancer les *Restos du cœur*. Tout cela pour dire qu'il travaillait beaucoup et que le choc a été inattendu et brutal.

Il y a donc eu cette photo, en "une" de *Libé*, le lendemain de sa mort. Je savais qu'elle existait et lorsqu'on me l'a proposée, j'ai su immédiatement que ce serait celle-là. En noir et blanc, tellement esthétique. Il y avait aussi le regard de Michel qui semblait déjà ailleurs. Formidablement grave, presque désespéré. Cela m'avait tellement frappé que je n'ai pas hésité à publier ce document en couverture avec ce titre : *« C'est un mec, y meurt... »*. Figurez-vous qu'aux obsèques de Coluche, on voyait cette “une” partout. Enormément de personnes l'avaient emporté avec elles, afin de lui rendre un dernier hommage. Ce document, en quelque sorte, résumait l'homme et donnait aussi toute la mesure de la brutalité de la tragédie. Ce camion, cette départementale...

Pas question de tout ramener à mai 1968. Pourtant, le *Café de la Gare*, invention de Romain Bouteille et de Coluche, incarnait cet esprit contestataire. Et pas seulement. Michel y avait introduit la banlieue, son ton, sa syntaxe, son parlé, sa culture. D'une certaine manière, c'est ce qui l'a fait triompher. Il était le premier à en parler ainsi. Aujourd'hui, si Jamel Debbouze existe, il le doit quelque part à Coluche.

C'est réellement au début des années quatre-vingts que nous avons fait connaissance. D'abord des fréquentations nocturnes, rue Gazan, chez lui. Les nuits y étaient chaudes. Michel appréciait cette ambiance après ses spectacles, entouré de ses copains. A ce moment là, on a bien sympathisé même si ce n'était pas la période la plus sereine de sa vie. Il traversait des moments assez violents et il a fait preuve d'une incroyable énergie pour s'en sortir. Parfois, sa gravité me frappait. Je n'étais pas le seul à m'en rendre compte. Claude Berri l'a senti aussi. Il a vu en lui un nouveau Raimu, un nouveau Gabin. Autrement dit, une force dramatique exceptionnelle. D'ailleurs, le tournage de *Tchao Pantin* lui a donné raison. Dans ce film, Michel était dans la peau du personnage. C'est très étonnant car il a reçu le *César* de la meilleure interprétation pour *Tchao Pantin* alors qu'il ne jouait pas !

Michel, je le connaissais du *Café de la Gare* même si je ne l'avais pas vu sur scène. Mais j'éprouvais déjà une certaine affinité pour son humour décapant. D'emblée, j'avais trouvé le personnage hors-norme. C'est très rare, mais il existe parfois des grands bouffons de la république, de la société. Michel a joué ce rôle. A tel point d'ailleurs qu'il était très courtisé par les hommes politiques. Sa force ? Les médias. Particulièrement la radio. Il savait mieux que quiconque l'utiliser. Un comique à l'antenne quotidiennement sur une grande radio généraliste : cela n'existait pas avant Coluche. Avant, il y avait seulement les chansonniers le dimanche...

Puis, il y a eu l'annonce de son entrée en campagne pour la présidentielle de 1981. Au début, bien entendu, il s'agissait d'une blague. Avec son producteur Paul Lederman aux manettes, ils voyaient cela comme de l'évènementiel. Et d'une certaine manière, cette mise en scène fut un numéro de music-hall génial. Mais il y avait aussi le message qui était, si je me souviens bien, de *« leur foutre au cul... ». S*ous-entendu, aux politiques. A un moment, Michel a pris les choses trop à cœur et cela n'a sans doute pas été simple d'arrêter. Je pense même qu'il a mal vécu la fin de cet épisode, avec notamment les menaces dont il fut l'objet. C'est vrai que les médias l'ont aidé. Mais il était un communiquant tellement exceptionnel. Il attirait les lecteurs. Il faisait vendre, comme on dit. Il faut bien comprendre le contexte du début de la campagne : Valéry Giscard d'Estaing était donné gagnant et la gauche présentait François Mitterrand, un vieux cheval de retour. L'atmosphère de la fin de l'année 1980 était sans intérêt, verrouillée, la droite dominait la partie. Autant dire un boulevard pour Michel, qui s'est alors posé en contestataire. On connaît la suite...

Sincèrement, je pense qu'il a joué un rôle utile pour le candidat Mitterrand. Il prenait à bras le corps l'actualité. Un rôle d'interpellation évidemment salutaire. Pourtant, à gauche, tout le monde le trouvait gênant et la pression sur lui était forte pour qu'il se retire. On avait même le sentiment qu'il s'agissait d'une question de vie ou de mort ! A droite, ils ne savaient pas vraiment comment appréhender le phénomène Coluche. Je me souviens de cette fameuse rencontre, organisée par des émissaires, entre Giscard et Michel à Courchevel, au début de l'année 1981. L'idée du Président de la république était alors de s'entretenir avec ce “type” dont le message brouillait les cartes dans la campagne. Il voulait le voir, le connaître. A ce moment-là, l'entourage de Giscard pensait vraiment que Coluche allait faire perdre Mitterrand. En tous cas, le monde politique vivait au rythme de Michel. C'était quand même fort.

Personne ne remplace les grands hommes. Michel faisait partie de ces personnages exceptionnels qui traversent les générations. Je le disais, son impertinence se retrouve un peu aujourd'hui chez Jamel Debbouze. Chez *Les Guignols* de *Canal Plus* aussi. Evidemment, il nous manque car il n'épargnait personne. Devenir Coluche, cela ne s'invente pas. »

Richard Gotainer

Coluche a énormément aidé Richard Gotainer à ses débuts. Sa première scène, il la lui doit. Tout comme son premier passage à la télévision. Il y eut aussi le cinéma, avec *Le Maître d'école* de Claude Berri, dont ils partagèrent l'affiche. Le hippie le plus myope du *show bizz* voudrait tant que son "pote" soit encore là. Pour lui dire simplement merci…

Propos recueillis le 12 juillet 2005.

“ Au moment de la mort de Coluche, nous étions un peu fâchés. Rien de bien méchant, mais nous avions pris quelques distances. Comment expliquer alors ce qui m'est arrivé quelques jours après son enterrement, auquel j'ai assisté ? Je me trouvais en compagnie de trois amis. Trois personnes qui connaissaient intimement Coluche. On marchait tranquillement quand un énorme papillon s'est mis à tourner autour de nous. On s'est regardé et instinctivement on a pensé la même chose, sans se l'avouer. Figurez-vous que le papillon s'est posé successivement sur l'épaule du premier d'entre nous, celle du second, puis du troisième. Pas sur la mienne ! Il s'est ensuite envolé très haut dans le ciel. Brusquement, le papillon s'est arrêté, est revenu vers le groupe pour se poser enfin sur mon épaule. J'ai su que c'était Michel. Les autres aussi. C'était comme une évidence. L'hésitation du papillon, c'était simplement la conséquence de notre petite fâcherie. Là, en revenant vers moi, il voulait me dire : « *Tout est oublié* »…

Coluche, c'est l'histoire d'un mec qui m'a aidé. Et pas qu'une fois. D'abord à la sortie de l'un de mes albums. A ma grande surprise, il m'a appelé au téléphone pour me proposer de venir chanter dans une émission de Michel Drucker un dimanche après-midi. Pour moi, c'était incroyable. Jusqu'alors, je n'avais fait que des passages sur des antennes régionales. Et là, Coluche m'invitait dans un grand show national. A une heure de grande écoute. Je lui dois donc ma première vraie "télévision"... Pour l'occasion, j'avais mis le paquet : un collant intégral vert, un slip panthère, des chaussures jaunes, des ailes rouges et un vison rose à capuche ! Autant dire que Michel, dans sa salopette, a bien rigolé. Pour moi, ce fut l'occasion de me faire connaître du grand public...

Peu après, il y eut aussi ce jour où il m'a dit : « *Dis donc, Gotainer, faut que j'te préviennes d'un truc : je fais le* Café de la Gare *et tu vas faire ma première partie !* ». Imaginez mon stress. Je n'étais jamais monté sur une scène de ma vie. Je lui ai alors rétorqué que c'était quelque peu imprudent. « *Ta gueule, j'ai décidé que ce serait comme cela* » a-t-il conclu. Fin de la discussion. J'étais complètement paniqué à l'idée de me retrouver devant un public. Jusqu'alors, j'avais seulement enregistré des chansons en studio. Evidemment, il avait pressenti que je m'en tirerais bien. Il avait raison et il m'a bien aidé. Il m'encourageait, me donnait des conseils, faisait des commentaires. Son avis, précieux, me réconfortait. Même si parfois, il faut bien le concéder, je le trouvais très autoritaire, très directif. Quant il disait quelque chose, il était vraiment difficile de lui faire admettre le contraire. C'était aussi une des facettes de son caractère. En tous cas, Michel savait se rendre indispensable.

Entre Coluche et moi, tout a débuté quand des amis m'ont dit : « *Tu connais Coluche ?* ». Moi, je n'en avais jamais entendu parler. Ils avaient aussitôt ajouté que je ferais bien d'aller le voir sur scène. Que je ne serais pas déçu. Je me suis donc rendu un soir voir jouer Michel dans *Thérèse est triste*. Là, j'ai franchement été halluciné ! Ce type parlait le même langage que moi et j'ai compris pourquoi mes amis avaient tant insisté. C'était quand même dingue : ses tics de langage, de comportement, ses expressions ressemblaient tellement aux miens. Si bien que par la suite, avec sa notoriété croissante, j'ai même dû abandonner certaines choses dans mes textes et dans mon comportement. Je ne voulais pas que l'on croit que je m'étais inspiré de lui. En quelque sorte, il avait gagné artistiquement. Heureusement, nous n'évoluions pas dans le même registre : j'étais chanteur, lui comique… Pour en revenir à cette première rencontre, je me suis dit qu'il fallait que je trouve une astuce pour l'approcher. A cette époque, il commençait juste à se faire connaître alors que je débutais dans la publicité à la radio. Je lui ai proposé de participer à une pub. En fait, il s'agissait simplement d'un prétexte pour faire sa connaissance.

A partir de là, on est devenus de bons copains. C'est ainsi que je me suis retrouvé régulièrement dans les soirées de la rue Gazan. On se voyait quasiment trois fois par semaine. Il y avait toujours une place à table pour manger, où dans le salon pour regarder la télévision. J'adorais cette ambiance qui ne pouvait exister qu'autour d'un personnage comme Coluche. Un type capable de se nourrir des autres en permanence. Pour lui, ces soirées semblaient vitales. Moi, régulièrement, il fallait que je coupe le cordon. J'avais besoin de me retrouver seul, dans mon appartement. Pas Michel…

Il y avait aussi ce dictaphone qui ne le quittait pas. Nous, les artistes, étions très flattés de le faire rire. Pour autant, c'était dangereux. On redoutait de se faire voler de bonnes réparties. Moi, je le prévenais. Amusé, il répondait : « *Gotainer, je vais pas te la piquer ta blague.* » Coluche n'était pas un voleur, loin de là, mais il observait tellement les autres qu'il fallait tout de même mieux clarifier les choses.

Michel incarnait aussi la générosité. Un jour, il avait décidé que tout le monde devait se mettre aux patins à roulettes. C'est ainsi qu'un soir, on l'a vu débarquer avec des patins pour tout le monde. Il offrait sans arrêt des petits cadeaux à ses proches. Sans doute avait-il une formidable envie d'être aimé. Je ressentais profondément cela. Et les *Restos du cœur* se sont inscrits dans cette logique de reconnaissance. Cela ne m'a pas étonné. Il était tellement dans la démesure que les *Restos* ne pouvaient pas s'apparenter à une petite aventure. Il avait accès aux médias, s'en est habilement servi, et c'est très bien ainsi.

C'est dingue comme il nous manque. Bien sûr, Michel occuperait aujourd'hui encore le devant de la scène. Il s'exprimerait avec une totale liberté qui ferait le plus grand bien. Il aurait tellement pris de bouteille que personne ne serait en mesure de le contrarier. C'était impossible de censurer Coluche. Il pouvait dire n'importe quoi sous couvert de l'humour. »

Jean-Marie Marion

Photographe reconnu, Jean-Marie Marion a connu Coluche alors qu'il était un mannequin vedette. Un jour, pour lui faire plaisir, il lui a prêté sa moto. De virées sur deux roues en fiestas nocturnes, ces deux-là ont croqué la vie. Entre excès et générosité.

Propos recueillis le 19 avril 2005.

« Le père Noël est mort le 19 juin 1986, sur une moto ! C'était Coluche. Des jouets, il en avait plein. Et il les prêtait. A commencer par les motos. Honnêtement, je n'ai jamais su quoi penser de son accident ? Ce jour-là, quelques secondes avant le drame, dans le virage précédant la ligne droite, Michel roulait en compagnie de nos amis Ludo et Didier. Tranquille, derrière eux. Pourquoi les a-t-il dépassés ? Il n'aurait alors jamais percuté ce camion…

C'est fou comme les gens aimaient Michel. De manière sympathique, jamais agressive. Il était tellement disponible, accessible. Parfois, bien sûr, il n'en pouvait plus de signer des autographes. Il disait alors : « *Revenez demain, le bureau est fermé.* » Mais, à ce moment-là, il était au moins trois heures du matin ! Coluche, si populaire, et en même temps si naturel, n'avait pas besoin de garde du corps. Il mettait tout le monde à l'aise. Même dans les restaurants les plus chics, il faisait rire les chefs de salle et les serveurs avec ses grossièretés. Avec lui, tout passait. Ses attitudes, ses réparties, ses manières de gros clown brillant. C'était impossible de le canaliser. Il appelait une merde une merde et n'avait peur de rien ni de personne. Un soir, en rentrant chez lui, il a tendu un sac à un agent de police en lui disant : « *Tenez moi ça pendant que je me gare.* » A l'intérieur, il y avait un bon demi kilo d'herbe !

Entre nous, on l'appelait "le gros". Jamais devant lui, pour ne pas le vexer. Il disait se moquer de son apparence physique, mais il avait eu recours à plusieurs reprises à des liposuccions, lassé par son embonpoint. Coluche, je l'ai rencontré par le biais de Didier, mon ami d'enfance, et de Ludo avec qui j'ai sympathisé il y a très longtemps. La première fois que j'ai croisé Michel, c'était peut-être dans ce restaurant que nous fréquentions à l'époque, *Le Potager des Halles*. Ou peut-être au magasin *Sud Moto* au Kremlin-Bicêtre. Je ne sais plus trop... En tous cas, c'était en 1983. Un soir, il m'a demandé s'il pouvait essayer ma moto. Elle lui plaisait énormément. Il s'agissait d'une Yamaha 1100XS. J'ai naturellement accepté. Et nous sommes allés chez lui, rue Gazan : lui au guidon de ma moto et moi avec la sienne, une Honda 750. A partir de ce moment-là, Michel m'a souvent demandé de me joindre à sa bande, dans ses virées.

A cette époque, tellement de gens gravitaient autour de lui, mais il avait de grosses "antennes". Michel distinguait parfaitement les squatteurs des vrais amis. S'il t'aimait bien, il te le faisait sentir tout de suite. Pareil dans l'autre sens. Un soir, je l'avais rejoint au *Potager des Halles* avec un pote mannequin qui s'était incrusté. A table, il la ramenait un peu trop. Michel m'a regardé et m'a dit à voix haute : *« Tu peux éteindre la radio ? Il fait trop de bruit, coupe lui le volume. »* Mon pote s'est levé, vexé. A vouloir être trop poli, on supporte trop de choses. Michel était imbattable dans la répartie. Ce restaurant, on y allait souvent. Un endroit très sympa. A chaque fois, on tombait sur des amis. C'était impossible de rester seuls. La table ne cessait pas de s'agrandir : quatre personnes puis cinq, sept, douze... Un soir, on avait fini par occuper toute la terrasse !

Chez lui, rue Gazan, les fêtes succédaient aux dîners. Il y avait tellement de monde. Michel nous appelait et, suivant les soirs, on décidait d'y aller ou non. Chacun selon ses envies. La nuit de son *César*, tout le cinéma français s'est retrouvé là, dans une atmosphère de délire. Au premier étage, devant les grands miroirs, il y avait des centaines de rails de coke, reniflés par les invités jusqu'au bout de la nuit. Franchement, dans ces soirées, j'ai vu énormément de drogue et de monde pour la consommer. C'était un véritable défilé. Parfois, il y avait jusqu'à quatre cents personnes ! A tel point que Michel avait finalement recours à un service de sécurité à l'entrée.

Au sous-sol, gigantesque, on trouvait une piscine, une machine à UV, une table de ping-pong, un baby-foot, des flippers, des juke-box... On jouait aussi au Backgammon. On regardait les matchs de football. Je me souviens qu'il faisait jouer un orchestre pendant les retransmissions télévisées pour couvrir les commentaires de Thierry Roland ! Je n'ai jamais rien revu de tel depuis. Même François Mitterrand a dîné chez Michel, avec Jacques Attali. De sacrés moments. Bien souvent, ces soirées n'étaient pas très amusantes pour les femmes. Les mecs venaient avec leurs copines, mais ne s'en occupaient pas. Alors, elles discutaient entre elles pendant qu'eux se retrouvaient au sous-sol. C'est sûr : entendre leurs mecs péter, roter et raconter des histoires de cons pendant des heures, ça ne les faisait pas rire !

Michel avait également un grand sens de l'universel. Il n'était pas visionnaire, mais proche du peuple. Il savait voir et analyser les choses. C'était inné. D'ailleurs, on retrouvait cela dans son émission de radio *Y en aura pour tout le monde* sur *Europe 1*. Effectivement, il y en avait vraiment pour tout le monde ! Les comiques d'aujourd'hui n'ont plus ce culot. Michel allumait les politiques, les noirs, les arabes, les juifs, les catholiques, le Pape... Tout le monde en prenait pour son grade. Si bien que personne ne pouvait le taxer de racisme ou autre.

Le talent de Michel était de reconnaître qu'on vit dans un joli merdier, de plus en plus épais et pesant. Plus il avançait dans la vie, plus il se rendait compte que 80 % des gens vivent sur le dos des autres. Alors Michel, l'amuseur, le rigolo, faisait aussi passer des messages. Avec une grande sincérité. Comme au *Jeu de la Vérité*. Là, c'était grandiose. Déjà, il avait choisi de s'asseoir sur une immense chaise de bébé. Pourquoi ? Tout simplement parce qu'il ne voulait pas de la chaise sur laquelle s'était assis Alain Delon lors de l'émission précédente. Ensuite, il avait pris d'entrée ses deux jokers, sans même écouter les questions. Puis il avait dit :

« Maintenant, je vais être obligé de dire toute la vérité. » Et il l'a fait. Sans tabou, ni restriction. En avouant par exemple que, certains soirs, en boîte de nuit, si la plus belle femme était un travelo, il l'embarquait quand même ! Michel n'était pas homosexuel, mais il a mis son petit doigt un peu partout, il a touché à tout. A plein de saloperies aussi, comme l'héroïne. Heureusement, il s'en est sorti.

Comment oublier également sa générosité. Son grand cœur. Tiens, par exemple, il détestait les chats. Dès qu'un chat entrait dans sa maison, il le pourchassait. Sauf que, sur le trottoir, devant chez lui, il avait rempli des gamelles de nourriture. C'est comme pour les *Restos du cœur* : quel pied de nez ! Michel n'a jamais fait les *Restos* pour qu'ils servent, vingt ans après, d'instrument de promotion aux chanteurs. Ni pour que certaines personnes s'en mettent plein les poches. Pour Michel, les *Restos* devaient démontrer au gouvernement qu'avec un peu de motivation et de bonne volonté, on pouvait faire manger les gens à leur faim. Une loi devait même voir le jour, la loi Coluche, pour que l'Etat prenne en charge les *Restos* du cœur. Après sa mort, il n'est resté que les promesses. Mais bon, comme on dit, ça occupe les bénévoles...

Il cultivait enfin cette passion pour les motos. Coluche en avait beaucoup. Il les achetait, parfois les offrait. Mais je le battais : j'en possédais dix sept à l'époque ! On a fait de sacrées virées ensemble, comme le tour du périphérique ou la traversée de Paris. Après *Le Jeu de la Vérité*, on était allé des Buttes Chaumont jusqu'au *Fouquet's* sans s'arrêter au moindre feu ! On avait garé nos motos devant le restaurant, en épi, avant d'aller dîner. C'était dingue : on se jetait du saumon à la tête et personne ne disait rien. On avait trente ans, mais on se comportait comme des adolescents. Aujourd'hui, on se ferait virer. Parfois, sur sa moto, Michel était grotesque. Habillé en rose, les ongles vernis, du rouge sur les lèvres, il portait aussi des bottes roses, des salopettes trop grandes et des casques ridicules. Pourquoi voulait-il à ce point ressembler à un clown ? Michel était une vraie star. Partout où il passait, les foules se déplaçaient. Quand on allait au Mans, pour assister aux 24 heures moto, le public scandait son nom et se désintéressait de l'épreuve. Même phénomène lors d'un concert de Renaud au

Zénith : les projecteurs, avant le spectacle, s'allumaient sur Michel. Le public venait assister au spectacle d'un artiste, mais il scandait le nom de Coluche. Un vrai phénomène ! »

Romain Bouteille

Anarchiste convaincu, Romain Bouteille débuta sa carrière artistique dans les années soixante. A l'époque, il se produisait dans de nombreux cabarets, comme *Le Cheval d'Or, La Vieille Grille* ou *La Méthode*. C'est là qu'en 1968, il fit la connaissance de Coluche. Ce jeune artiste ambitieux allait le convaincre de monter le mythique *Café de la Gare*.

Propos recueillis le 1er février 2005.

« C'est à *La Méthode*, que j'ai croisé Coluche pour la première fois. A l'époque, j'allais y jouer de temps en temps un numéro. L'après-midi, c'était aussi l'un des rares endroits où l'on pouvait déjeuner, même à quinze ou seize heures car, derrière le bar, il y avait Coluche. Il mettait un point d'honneur à nous préparer ce qu'on voulait. La première fois, je lui avais commandé une omelette. C'est resté un moment mémorable. Il m'avait regardé manger en fixant le plat, comme un chien affamé. C'était étonnant de la part d'un barman ! Evidemment, il me connaissait. Il avait même de l'admiration pour moi. J'étais un peu la vedette de *La Méthode*. A partir de là, on a partagé des soirées à refaire le monde, dans d'interminables beuveries. J'avais vingt neuf ans et lui vingt deux. Il était donc impressionnable...

Le soir, à *La Méthode*, Coluche gérait aussi la sélection artistique et choisissait les nouveaux numéros. Parfois, il se produisait lui-même. Je l'ai donc vu sur scène, en train de chanter à la guitare des chansons de Saint-Just et de Robespierre. Des chansons coquines, paillardes, écrites par les deux intègres de la Révolution ! Beaucoup ont dit ou écrit que je lui ai appris des choses. En fait, il a surtout retenu le résultat de nos beuveries. Et c'est au cours de l'une d'elles qu'il m'a convaincu de créer un théâtre. C'était après les événements de mai 1968. Au début, je n'approuvais pas du tout cette idée. D'une part, parce qu'il n'était pas le premier à me dire *« il faudrait, il faudrait. »* Et d'autre part, parce qu'au fil de la conversation, je voyais bien le coup venir : j'allais me retrouver patron, et je n'avais aucune ambition de ce côté-là.

Coluche me disait qu'il fallait imaginer quelque chose de différent. Je le soupçonnais d'être un peu simpliste dans son utopie. Comment imaginer un théâtre foncièrement différent des autres alors qu'il ne connaissait pas ce qui existait ? Mais, en l'écoutant, j'ai eu une idée. On allait expliquer le bien-fondé de notre pensée anarchique dans le système économique. Dénoncer ce monde dans lequel les gens ne savent plus distinguer le travail de la nécessité. Je lui ai dit : *« D'accord, je vais faire un théâtre avec toi, puisque tu y tiens absolument. Mais moi, je serais le Garde des Sceaux et il y aura douze lois qui empêcheront quiconque de faire de la démocratie et qui empêcheront quiconque d'être l'esclave d'un groupe ou d'une personne. »*

Je le sentais bien mon Coluche ! Je savais qu'il rêvait de devenir patron et qu'il ne voulait surtout pas être sous mes ordres. Alors, j'ai institutionnalisé mes douze lois. Elles stipulaient par exemple qu'aucun membre ne pouvait empêcher un autre de faire ce qu'il voulait. Il n'y avait pas de sanction possible. On ne pouvait pas virer une personne non plus, ni la faire taire. Si un des membres s'en allait, il devait trouver un remplaçant. L'argent serait divisé en parts égales. Il n'existait pas de tabou… et surtout pas de chef ! Les gens sont persuadés que, quand il n'y a pas de direction, ça ne peut pas marcher. Le confort, c'est obéir. Or, moi, je ne supporte ni d'être commandé, ni de commander. Je préfère regarder les autres faire les pires conneries. Je ne voulais donc pas prendre de responsabilités. Coluche, très courageux, accepta de prendre en charge toutes les corvées que je ne voulais pas accomplir. Des choses basiques, touchant notamment à l'intendance, comme par exemple, récupérer la viande pour déjeuner sans la payer ou encore dénicher trois sacs de plâtre pour les travaux… Aidé par Bouboule, son ami d'enfance, il s'en est occupé. C'est comme pour les permis de conduire : c'est lui qui nous en a dégoté des bidons dans ses "agences" de banlieue. Coluche, c'était le roi de la combine !

En tout cas, au lendemain de notre discussion, on a commencé à chercher un local. Quelques coups de fil, trois visites et on est enfin tombé sur celui de la rue d'Odessa, près de la gare Montparnasse. Il s'agissait d'un petit atelier de fabrication de moteurs électriques. On l'a loué, sachant qu'il y avait tout à faire. D'ailleurs, la création même du *Café de la Gare* fut une révélation pour beaucoup d'entre nous. L'équipe s'est formée pendant les travaux. A nous deux, ce sont ajoutés au fur et à mesure Catherine Sotha, Patrick Dewaere, Miou-Miou, Catherine Mitry, Jean-Michel Haas, Henri Guybet, Gérard Lefèvre, puis d'autres qui allaient et venaient, et certains qui nous ont rejoint plus tard comme Renaud ou Gérard Depardieu. En tous cas, lorsqu'il a fallu débuter le chantier, il n'y avait là que des personnes qui ne savaient rien faire de leurs dix doigts. Aucun bricoleur. Mais tous affichaient une grande motivation. Si bien qu'en six mois, on a transformé cet ancien atelier en un café-théâtre pouvant accueillir près de deux cents personnes, en respectant les normes de sécurité des lieux publics. Le tout pour dix millions de l'époque, le tarif qu'aurait demandé un architecte rien que pour concevoir le plan. Nous, à ce prix-là, on a même refait le toit ! On a reçu, il est vrai, un petit coup de main d'un de mes frères qui travaillait dans le bâtiment. Il nous a surtout procuré des matériaux qu'il volait discrètement sur le chantier où il travaillait. On a aussi dérobé des taules pour faire nos balcons. On n'avait pas d'autre solution. C'est ainsi que le *Café de la Gare* a ouvert au public le 12 juin 1969.

Le plus étonnant, c'est qu'on a connu le succès en à peine trois semaines. Sans moyens, sans promotion. Au contraire, on avait choisi de faire de l'anti-promo, en installant à l'entrée deux panneaux proclamant pour l'un *« C'est moche, c'est sale, c'est dans le vent »* et pour l'autre *« Nous avons nourri suffisamment de poux, de puces et de critiques d'art. Si vous en êtes, allez plutôt là où on vous aura invité. Si vous restez, comme la loi vous y autorise, au moins, accordez nous l'indifférence. »* L'orgueil quoi ! Le grand bluff aussi. J'ai quand même eu du mal à comprendre pourquoi les gens se sont rués et se sont même battus parfois pour assister à notre spectacle. Pour moi, il était faible. Les acteurs avouaient eux-mêmes qu'ils ne savaient pas jouer la comédie. L'une des lois stipulait d'ailleurs qu'un acteur ne pouvait pas être conseillé, en tout cas pas plus qu'il ne le réclamait. Le texte lui appartenait, il en faisait ce qu'il voulait. Face au public, il était responsabilisé et confronté au seul jugement immédiat de la salle. Sans intermédiaire. Et puis, on n'avait pas cet esprit d'union non plus, comme dans les équipes de football. Nous, avant de démarrer un spectacle, on se disait *« chacun pour soi. »* Une liberté totale, y compris de jouer ou non sur scène. En cas de désistement, il fallait juste se faire remplacer. Un soir, mémorable, il a fallu en remplacer neuf d'un coup ! Là, ça a été évidemment l'engueulade générale. Tout le monde a refusé d'entrer en scène. Sauf Andrew Moore. Un Anglais, qui avait participé aux travaux. Lui, il était en-dehors de notre conflit. Si bien qu'il est entré en scène avec l'idée d'assumer seul le spectacle. Il a d'abord expliqué aux spectateurs notre discorde, puis a assumé chacun des rôles dans son accent caractéristique ! A un moment, voyant que la salle suivait, on a regardé, curieux, comment il s'y prenait. Au bout d'un quart d'heure, Miou-Miou s'est jointe à lui. Et, petit à petit, on a tous fini sur scène.

C'était ça, l'esprit du *Café de la Gare*. Bien sûr, certaines choses ont ensuite été déformées. Comme ces vélos que nous aurions mis à la disposition des spectateurs qui ne pouvaient plus prendre le métro à la fin du spectacle. Cela n'a dû arriver qu'une seule fois. Et encore, avec deux vélos... En revanche, la tombola à l'entrée a vraiment existé. Elle fixait le prix de chaque billet d'entrée. Entre moins un franc, et là on payait de notre poche, et trente francs. On pensait que celui qui tirerait le billet le plus cher ne l'acheterait pas. Or personne n'a jamais refusé de payer sa place...

Les textes du premier spectacle de 1969, intitulé *Un million de choses jouées, chantées et dansées*, ont été écrits par Patrick Dewaere, Sotha, Gérard Lefèvre et moi. Coluche, lui, n'écrivait pas en général. Puis en 1970, les autres ont retenu une pièce que j'avais écrite, *Robin des quoi*. Mais elle était moins adaptée à chaque personne que la précédente. Alors, on l'a raccourcie pour la mettre en première partie du premier spectacle. Sur le plan artistique, il y avait des trucs que Coluche ne comprenait pas. Il n'admettait pas que le spectacle soit un ensemble. Lui, privilégiait la drôlerie des individus. Il se trouvait le plus drôle et voulait que les autres le suivent. C'est vrai qu'il avait beaucoup d'imagination. Mais il ne se rendait pas compte que, sans le plus modeste d'entre nous, il n'était pas drôle.

Dans *Robin des Quoi*, il y avait un texte écrit sur mesure pour lui. L'histoire d'un mec qui n'a pas de culture, mais qui veut faire un discours électoral… Lorsqu'on a démarré, il ne connaissait pas son texte. Il éprouvait des difficultés à le jouer. A un moment donné, je lui ai soufflé une ligne. Et il a continué. Avant de s'arrêter à nouveau. Quelqu'un d'autre s'est mis à lui souffler un autre passage et j'ai alors improvisé en disant : *« Mais laissez-le, vous voyez bien qu'il le sait. »* Le public a marché bien sûr… Alors, petit à petit, comme il n'apprenait toujours pas son texte, c'est devenu un numéro. C'était génial parce que Coluche savait exactement s'adapter à la situation en disant : *« Non, non… Euh, attends, je voulais dire… ah ouais, parce que bon… non, mais voila… »* A la Coluche ! A la fin, ils étaient six à lui souffler son texte. Et moi je leur clamais : *« Mais foutez-lui la paix ! »*. Il était au centre de l'action, avec le public focalisé sur lui. Quand Paul Lederman l'a vu dans ce sketch, il n'a pas cherché plus loin. C'est là-dessus qu'est née l'illusion qu'au *Café de la Gare*, on improvisait tout le temps. Au contraire, on modifiait à peine trois mots par soir. Mais au bout de six mois, tous ces mots avaient été intégrés dans le spectacle. Si bien qu'en conservant le ton de l'improvisation, on suivait le texte au mot près. Et les naïfs ont cru qu'on improvisait.

Le *Café de la Gare* fonctionnait bien, mais la discorde couvait. Comme lors de cette fête, bien arrosée, donnée pour le journal *Hara-Kiri*. A la fin de la soirée, Coluche est devenu agressif. Il a cassé une bouteille pour menacer Patrick Dewaere qui, déjà, faisait de la boxe. Patrick s'est défendu, mais comme Coluche, trop ivre, ne sentait pas les coups, il n'est pas tombé. Alors, il a continué, en s'en prenant à un autre, puis à moi… Le lendemain, comme toujours, on lui a pardonné, parce qu'il est arrivé, le visage plein d'ecchymoses, en disant : *« Alors, il parait qu'il y a eu des salades hier. »* Coluche avait du mal à réfréner son tempérament.

Généreux, mais pas forcément commode, il pouvait parfois aussi se comporter comme un dictateur. Il était ambitieux, sortait de Montrouge et rêvait d'y arriver. La plupart du temps, comme il n'était pas costaud, il s'en prenait aux filles en leur reprochant d'être *« trop nulles. »* Ça finissait en larmes. Sauf qu'un soir, j'ai dit : *« Moi, je ne remonte pas sur scène avec ce mec. »* Patrick Dewaere m'a suivi, *« Moi non plus. »* Henri Guybet aussi. J'ai alors dit à Coluche : *« Ecoute, comme on ne peut pas virer quelqu'un, nous, on va se tirer et toi, tu gardes le théâtre. »* Il a réfléchi un moment puis il a répondu : *« C'est bon, j'ai compris, c'est moi qui part. »*

On a donc continué sans lui, en restant toutefois copains. Au début, on dînait souvent chez lui, à Montrouge. Puis de moins en moins souvent, rue Gazan, car il y avait trop de monde. Trop de courtisans. On sentait qu'il aimait les gens du *Café de la Gare*. Il avait même fait construire une maison à la Guadeloupe pour Patrick Dewaere. Lors de notre dernière rencontre, peut-être un mois avant sa mort, au *Potager des Halles*, il dînait avec toute sa cour. Il disait être content des *Restos du cœur*. Je me souviens lui avoir demandé : *« Tu n'as pas peur de te faire tirer une balle dans le citron ? »*. Il m'avait répondu : *« Non, ils sont vraiment trop cons. »* Autant dire qu'à l'annonce de sa mort, dans les conditions qu'on le sait, j'ai cru à un assassinat.

Evidemment, je n'ai pas oublié ce 19 juin 1986. On répétait au *Café de la Gare*. Et puis on a appris la nouvelle. Je ne sais plus trop comment. Mais ce dont je me souviens, c'est l'arrivée de tous ces journalistes dans la cour. On a tous refusé de répondre à leurs questions. Ils cherchaient des responsables à cette mort et, pour nous, les médias en étaient la cause. Ils faisaient partie du gouvernement. L'idée de l'assassinat s'était imposée tout de suite pour moi. Je m'y attendais tellement. Un jour, un vieux témoin était venu me voir en m'expliquant qu'à huit kilomètres du lieu du drame, quelqu'un avait loué une maison et organisé cet accident. Avait-on cherché à lui faire peur ? Quant à le tuer…Ce camion en travers, Coluche avait largement le temps de freiner pour l'éviter. Ce qui m'avait troublé, à l'époque, c'est que tous les journaux avaient brutalement cessé de parler de sa mort après deux jours seulement. Le premier jour c'était : « *Une mort bizarre*. » Mais dès le second, ils se demandaient : « *Est-ce que le casque était accroché au guidon ou est-ce qu'il l'avait sur la tête ?* ». ”

Harlem Desir

***Touche pas à mon pote* leur va si bien. Fondateur de *SOS Racisme* en 1984, puis président jusqu'en 1992, Harlem Désir a bénéficié du soutien de Coluche pour médiatiser son action. Devenu parlementaire européen, il se souvient de cet humoriste engagé. De ce fils d'immigré italien, si fier de lutter contre le racisme.**

Propos recueillis le 11 février 2005.

« Sa mort m'a tétanisé. Elle me paraissait si insensée. Il y a des disparitions auxquelles on peut se préparer. Mais pas celle-là. Coluche incarnait une telle énergie, il dégageait une telle puissance, il nourrissait tant de projets. Sans oublier les *Restos du cœur*, subitement devenus orphelins. Notre amitié était naissante, liée au militantisme. Son accident de moto est survenu quelques jours avant le concert de *SOS Racisme*, à la Bastille, auquel il devait participer. Le choc, terrible, nous a tous attristés et accablés. D'un coup, on a ressenti un grand vide.

Quelques mois après sa disparition, il y eut l'affaire Malik Oussekine. Ce jeune français d'origine algérienne, battu à mort par des policiers alors qu'il manifestait contre la réforme universitaire Devaquet. Face à cet acte odieux et irresponsable, on avait fabriqué un badge avec la salopette de Coluche et une bulle qui disait : *« Coluche, réveille toi, ils sont devenus fous. »* C'était la reprise d'une formule utilisée par les étudiants tchécoslovaques pour lutter contre l'invasion soviétique en 1968. A l'entrée des chars de l'armée rouge, ils avaient peint sur les murs ce slogan : *« Lénine, réveille toi, ils sont devenus fous. »* Une formule très forte. Comment au nom d'un idéal peut-on opprimer un autre peuple ? On s'était dit que, s'il avait été là, Coluche n'aurait pas laissé passer. Il aurait interpelé ce gouvernement Chirac qui voulait faire passer des réformes contre les immigrés, notamment celle du code de nationalité. Ce badge, des millions de gens l'ont porté. Ce fut l'une de nos plus belles campagnes.

Mes premières rencontres avec Coluche datent du début de l'année 1985. *SOS Racisme* venait de naître. On tentait alors d'obtenir le soutien de personnalités du monde des arts, du sport ou encore d'intellectuels, comme Simone Signoret, Luis Fernandez, Smaïn, Bernard-Henri Levy... Au départ, notre mouvement était constitué de comités nés dans les collèges, les lycées et les universités. De jeunes militants les dirigeaient. Ils voulaient éviter la banalisation des agressions racistes et les discours anti-immigrés. Pour donner de l'ampleur à notre mouvement, nous souhaitions nous inspirer de ce qui s'était passé avec *Solidarnosc*. Pour favoriser le développement du syndicat polonais réprimé par la dictature du Général Jaruzelski, un mouvement de solidarité s'était créé en France pour recueillir des dons. Un petit insigne avait également été fabriqué. Les gens le portaient sur eux pour afficher publiquement leur soutien. Cette action prit de l'ampleur lorsque Yves Montand montra cet insigne à la télévision.

Pour symboliser notre mouvement, nous avons lancé la petite main *Touche pas à mon pote*, créée par Christian Michel, l'auteur de l'affiche de François Mitterrand, *La force tranquille*. Cela a tellement bien fonctionné qu'en deux ans nous avons vendu deux millions de petites mains ! Nous avons ensuite cherché à populariser et à étendre le comité de parrainage. Jacques Attali nous a mis en relation avec Coluche. Michel se sentait concerné et prenait cela très à coeur. S'il n'était plus perçu comme un fils d'immigré, il ne pouvait pas renier ses racines. Conscient que les Maghrébins subissaient la même chose que les "ritals", trente ans auparavant.

Il s'est renseigné et a cherché à comprendre notre démarche. Puis il a essayé de voir de quelle manière il pouvait mettre sa notoriété à notre service. Coluche a été convaincu assez rapidement que la campagne *Touche pas à mon pote* était une bonne idée. Il a tout de suite eu une réflexion opérationnelle, sûr de sa puissance médiatique. D'ailleurs, depuis Coluche, il n'y a plus eu d'autre personnalité capable de tenir ce rôle. Il était plus qu'un artiste. Ce comédien populaire, représentait davantage pour la société. En cela, sa candidature à la Présidentielle de 1981 avait eu un formidable retentissement. Il avait su polariser l'attention de personnes avides de changement politique. Son émission de radio sur *Europe 1* avait également eu un bel impact. Il y tenait une revue de presse quotidienne très politique. Il allait parfois loin, très loin, trop loin même…

Sur le thème du racisme, Coluche touchait parfois la limite. Jamais on ne l'aurait toléré avec d'autres personnalités. On aurait trouvé cela inacceptable, injurieux, discriminatoire, xénophobe. Mais pas avec lui. Il le savait et ne voulait pas non plus gâcher la chance d'aider *SOS Racisme*. Malgré les apparences, Coluche n'était pas désinvolte. Pour lui, cet engagement représentait quelque chose de fondamental. A tel point que nous avons tenu des réunions très stratégiques chez lui, rue Gazan. On y échafaudait de véritables plans de bataille !

Son objectif ? Innover et éviter de répéter le message des autres. A ce stade, deux événements ont précipité les choses. Le meurtre d'un Marocain à Menton par deux sympathisants du FN et l'incendie criminel d'un cinéma où se déroulait le Festival du film juif à Paris. Naturellement, on a lié les deux événements en organisant une manifestation qui a débouché sur une minute de silence et un appel à des débats pédagogiques. Coluche a participé à l'un d'entre eux, dans un lycée. Je me souviens que, dans la voiture, il répétait, préparait chaque formule. Ce jour-là, ce qui paraissait spontané, naturel, était en fait très calibré. Il était très consciencieux. Autre exemple : cette apparition dans l'émission du *Jeu de la Vérité*, avec une main géante *Touche pas à mon pote*. Il nous avait demandé de lui donner une main. Et quand on lui en a tendu une petite, il nous a lancé : *« Non, mais ça c'est bien comme signe de complicité quand on est dans la rue. Moi je veux un truc où on ne voit que ça ! »*. Il voulait aider en étant efficace. Ce soir-là, à la télévision, il avait encore fait mouche…

Sont nés ensuite les *Restos du cœur,* auxquels il a voulu nous associer. Sous son côté saltimbanque, je l'ai déjà dit, il était très méticuleux. Avec nous, en dehors des soirées où il nous invitait à faire la fête, on ne voyait pas la star, mais le militant. C'était très agréable. Régulièrement, il participait à des débats publics, des rassemblements, comme à La Concorde, en 1985, lors du premier concert de *SOS Racisme* qui avait duré toute la nuit. Là encore, il avait trouvé une ou deux formules frappantes qui avaient été reprises par toute la presse et qui avaient marqué les gens, en évoquant notamment Jean-Marie Le Pen. C'est incroyable la répercussion qu'avaient les propos de Coluche. Il n'y avait guère que le Président de la République pour rivaliser avec lui. Ses interventions étaient commentées par les journalistes et les politiques. Il avait un sens juste du moment, de la formule. Quand il mettait ce talent d'orateur au service de la raillerie, c'était dévastateur et redoutable. Et quand il défendait une cause, l'impact était incommensurable.

Coluche a laissé un immense vide. D'habitude, les stars se succèdent, dans le *show bizz* comme en politique ou en sport. Lui, personne ne l'a remplacé. Il a été le seul à pouvoir jouer ce rôle de bouffon de la république, en tournant en ridicule le pouvoir. En véhiculant aussi une forme de générosité, d'engagement. Il avait cette volonté civique d'être dans le débat politique, de peser, de lancer des initiatives. Coluche, c'était une sorte d'ONG à lui tout seul ! Sa mort a laissé un sentiment de profonde injustice. Comme l'a chanté Renaud : putain de camion... »

René Metge

René Metge fut un brillant pilote automobile, vainqueur notamment de trois Paris-Dakar, avant de devenir directeur de rallyes. Natif de Montrouge, il y croisa la route d'un certain Michel Colucci. Adolescents, ils allaient devenir amis, puis beaux-frères. Passionnés par les sports mécaniques, leur complicité sans faille a duré vingt-sept ans.

Propos recueillis le 9 février 2005.

« Michel n'était pas extrêmement doué pour la moto. D'ailleurs, il ne se prenait pas pour un pilote. Mais il adorait cela. Il se sentait bien au guidon de sa machine. Pour lui, seul le plaisir comptait. Cette passion nous a rassemblé très jeune. Michel et moi avions treize ans quand nous avons fait connaissance. Nous habitions tous les deux à Montrouge. Il y avait un café où se retrouvaient régulièrement quelques jeunes qui possédaient des motos et c'est précisément là qu'on s'est rencontré. Avec Michel, on admirait ces motos en rêvant d'en posséder une un jour…

Entre nous, le feeling est instinctivement passé. On se voyait fréquemment même si on n'appartenait pas à la même bande. Lui habitait le bas de Montrouge et moi le haut. On ne fréquentait pas les mêmes écoles, mais la moto nous réunissait. Passionné de mécanique, encore étudiant, j'avais décidé de travailler bénévolement le samedi chez un grand pilote de l'époque, Georges Monneret. Un jour, pour me récompenser, il me confia le guidon d'une moto, une Bultaco 250 cm3. Pour moi, c'était un rêve et un événement aussi, car il n'existait pas d'autre deux temps en France. Enfin, une deux temps qui marche vraiment ! Bien entendu, je suis immédiatement allé chercher Michel et on a passé un week-end mémorable à rouler jour et nuit.

Avec Coluche, on prenait le guidon dès qu'on le pouvait, jusqu'à s'imaginer un circuit dans le cœur de Montrouge. Avec la bénédiction d'un policier qui adorait lui aussi la moto ! Je me souviens qu'il avait mis sous son képi la photo d'un départ de course de Side-cars… Quand on roulait la nuit dans les rues, on le prévenait et il faisait le guet pour nous. Notre circuit ? Une boucle qui empruntait les grandes avenues en passant devant le monument aux morts. Les virages faisaient office de grands S. La consigne était simple : on se rangeait dès que notre complice en uniforme nous disait d'arrêter. Il faut dire qu'on faisait pas mal de bruit avec nos engins ! Il arrivait aussi qu'on se rende Porte d'Orléans avec Bouboule, l'un de ses amis les plus proches. A l'époque, il n'y avait pas de périphérique. Juste un grand terrain vague où s'installaient parfois des cirques. C'était devenu notre terrain de jeu.

Nous étions inséparables. Il appréciait tellement cet univers. Il semblait si heureux de me suivre sur les circuits pour voir Georges Monneret tenter de battre des records du monde de vitesse moto, comme à Montlhéry en région parisienne. Bien entendu, il m'a soutenu à l'occasion de mes débuts en compétition. C'était une belle période de notre vie qui a pris provisoirement fin avec mon incorporation sous les drapeaux. Il a alors commencé à aider sa mère en livrant des fleurs. Il le faisait en utilisant une mobylette qu'elle lui avait achetée. Je m'en souviens d'autant mieux que, pendant mon armée, il me l'avait prêtée pour une course à Montlhéry. C'était une Suzuki 50cm3. J'ai ramé ce jour-là, mais j'étais heureux de participer.

En 1964, je me suis marié avec Danièle, la sœur de Michel. Il nous avait présentés quelques années auparavant. Je suis alors officiellement devenu son "beauf". A cette époque, il avait commencé à faire la manche dans les cafés, avec un autre type. Lui chantait et l'autre jouait de la guitare. Ce n'est qu'ensuite qu'il a débuté dans un cabaret près du Panthéon. Avec sa sœur, nous étions ses premiers fans. Il y avait à peine vingt personnes dans la salle. Il sortait alors avec Miou-Miou. Une fille sympa qu'on avait dû aller chercher à Chartres une fois, parce qu'elle avait eu un accident de moto avec Michel. Rien de grave... Réellement démunis, ils avaient séjourné un temps à la maison. C'est à cette période qu'il a fait la connaissance de Romain Bouteille et qu'ils se sont lancés dans la construction du *Café de la Gare*. Je précise que j'ai également participé aux travaux ! En marge de mon travail, je leur ai donné un coup de main en soudant les poutrelles. Quel chantier ! Je me suis toujours demandé comment ce théâtre avait pu tenir debout aussi longtemps. Mais ça a tenu. Comme les artistes du *Café de la Gare* avaient peu d'argent, je leur réparais également leur voiture. Pour être sincère, je les bricolais plutôt dans la rue. Une fois les travaux du *Café de la Gare* achevés, le succès a été rapide. Plus tard, lors de ses *one man shows*, Michel me demandait souvent d'assister aux spectacles et de passer le voir dans sa loge, avant son entrée en scène. A chaque fois que j'étais dans la salle, il ne m'épargnait pas lors de son sketch sur l'accident et le beauf, intitulé *On n'a pas eu d'bol*. En me regardant droit dans les yeux, il lançait aux spectateurs : *« Vous pouvez lui demander à mon beauf, il est là ce soir. »* Après la représentation, je le retrouvais. Toujours joyeux, même fatigué. On dînait ensemble en riant de ses dernières facéties.

Mais franchement, le milieu du spectacle ne m'attirait pas. Du coup, je ne suis pas allé le voir plus de dix fois sur scène. C'est aussi ce qui m'a éloigné des soirées qu'il donnait chez lui, rue Gazan. Excepté les réunions de famille. Sinon, chez Michel, il y avait toujours une trentaine de personnes. Des amis, et des amis d'amis... D'ailleurs, je lui en avais fait la remarque. Tous ces opportunistes, c'était trop. Et c'est ce qui a poussé sa femme Véronique à le quitter. Michel était ainsi, très généreux et beaucoup de gens en ont profité. Même après sa mort. Tout a disparu... On n'a rien récupéré Danièle et moi. Pas même les disques qu'on lui avait offerts pour son juke-box. Tout ce qu'on a pu préserver, c'est ce meuble qui plaisait tant à ma femme. Elle y attachait une valeur sentimentale. Le réalisateur Claude Berri, sachant qu'on avait rien pu garder, le lui a offert...

Quand je suis devenu pilote automobile professionnel, il a continué à m'accompagner sur les circuits. A l'inverse, durant les week-ends sans compétition, j'allais au magasin de sa mère pour l'aider à livrer des fleurs. Ça m'occupait et, en même temps, j'étais content de lui donner un coup de main. Michel appréciait l'ambiance des circuits. Il était intenable, ses blagues de potache faisaient le tour des stands. Une année, à Rouen où j'étais engagé en Supertourisme, il devait me panneauter en course. Avant le départ, il s'était alors amusé à perturber dans sa concentration mon rival de l'époque, Jean-Pierre Beltoise. Moi, excepté les trente minutes pour m'isoler et m'habiller, je n'ai ensuite besoin que de quelques secondes juste avant la course pour me concentrer. Jean-Pierre, il lui fallait beaucoup plus de temps. Michel le savait et il avait tout fait pour le déranger.

Bien évidemment, Michel a toujours choisi ses voitures dans ma concession Austin-Rover. Il venait souvent me voir, le samedi notamment. Au garage, il se sentait chez lui. Il y entreposait ses voitures et ses motos. Il aimait bien bricoler. D'ailleurs, Michel me demandait de lui confier de petites tâches, comme poser les plaques d'immatriculation ou réceptionner les voitures. Vous imaginez la surprise des clients ? Coluche garagiste... Régulièrement, il m'appelait. Surtout lorsqu'il n'avait pas le moral. Alors, on prenait l'autoroute du sud, pour le plaisir. La première fois, on était parti avec sa voiture, une Jaguar, pour tenter de trouver l'origine d'une panne mécanique. Ensuite, cette panne décelée, on a poursuivi ce jeu avec d'autres véhicules. Il me disait souvent malicieux : *« T'as pas une voiture à essayer aujourd'hui ? »*. Dans ces moments-là, il se sentait bien. Car on parlait d'autre chose. Je ne lui ai jamais posé de questions sur son business. Et je ne lui ai jamais rien demandé non plus. Pourtant, il m'aurait tout donné. D'ailleurs, il cherchait tout le temps à faire des cadeaux. Je ne pourrais pas calculer le nombre de voitures que j'ai vendu à ses amis. Non seulement, je leur appliquais le prix coûtant, pour lui faire plaisir, mais en plus il payait personnellement la moitié de la facture !

Il était généreux dans l'âme. Et puis l'argent et lui, ça a toujours fait deux. A ce sujet, une anecdote me revient. Un jour qu'il devait m'accompagner à la présentation de ma voiture avant les 24 heures de Spa, en Belgique, je l'avais récupéré chez lui. Avant de prendre la route, nous devions faire une brève halte au centre des impôts du 14ème arrondissement de Paris. Il venait y négocier un report considérable approchant les vingt millions de francs. Et il était là, à signer des autographes avec les filles des impôts ! Michel c'était ça : il se moquait de l'argent. En outre, il ne craignait rien ni personne, à part sa sœur. Danièle, il ne fallait pas y toucher ! C'est pratiquement elle qui l'a élevé, puisque leur mère travaillait dur. Quand Danièle l'engueulait, il ne disait rien. Il la respectait énormément.

J'ai appris son décès par téléphone, par l'un de ses amis. Ce fut un moment extrêmement pénible. Pour sa mère, qui ne s'en est jamais remis, pour sa sœur et pour moi aussi. Notre amitié était si belle : vingt-sept ans sans l'ombre d'un nuage, sans une seule engueulade. Si Michel était encore vivant, peut-être aurait-il changé ? J'imagine qu'il se serait un peu assagi. On aurait pu partager tant d'autres choses, peut-être même un Dakar ! Il m'avait donné son accord, *« mais seulement avec toi »* avait-il ajouté. Et puis voilà. L'accident. Tout con. Michel est tombé, il a tapé le pare-chocs du camion, alors qu'il aurait pu passer dessous, sans conséquence. ”

Pierre Lescure

***Canal Plus* pouvait-elle se priver d'un tel talent ? « *Non, évidemment* » assure Pierre Lescure, ancien dirigeant de la chaîne cryptée. C'est donc en octobre 1985, en direct et en clair, que Coluche débarqua à la télévision dans l'émission quotidienne *Coluche 1 faux* ! Une parodie de journal télévisé, presque sans limite…**

Propos recueillis le 15 juin 2005.

“ L'idée de la venue de Coluche sur *Canal Plus* fut collective. A la base, nous étions trois à souhaiter qu'il puisse s'exprimer sur nôtre chaîne : André Rousselet, le Président, Alain de Greef, le Directeur des programmes et moi-même, alors Directeur Général de la chaîne. Sans oublier d'associer Paul Lederman. Avec lui, on a réfléchi à la forme que cela pourrait prendre à l'antenne. En l'occurrence, une émission quotidienne. L'idée, bien entendu, était de s'inspirer du fantastique passage de Coluche sur *Europe 1*. Il avait eu beaucoup de liberté aux côtés de Maryse et les auditeurs avaient répondu présents.

A *Canal Plus*, on se disait que ce rythme, ce ton, cette liberté, avaient naturellement leur place sur la chaîne. C'est Michel qui a eu l'idée de mettre à l'antenne une parodie de journal télévisé qui allait finalement s'appeler *Coluche 1 faux*. Nous étions très friands de ses capacités de commentaire, d'improvisation, de réaction à l'actualité, de synthèse. Cela valait tous les éditoriaux… En même temps, nous savions aussi qu'il allait raconter des histoires, qu'il allait se travestir, et franchement cela nous plaisait.

Lors de la réunion de préparation avec Coluche, nous ne lui avons fixé aucune limite. Il n'en était pas question ! Je lui avais seulement précisé que je ne voulais jamais être gêné au point d'avoir à baisser les yeux quand je regarde la télévision dont je suis responsable. Une fois pourtant, il a dérapé... Coluche avait dit à l'antenne, sous forme de blague : « *Hausse du prix du carburant, les handicapés moteur protestent.* » Cela peut faire sourire, sauf qu'il a illustré sa phrase avec des images des jeux paralympiques, montrant des handicapés tomber de leur fauteuil. Et là, ça ne passe plus ! Dès la fin de son émission, je suis descendu le voir dans les studios et je lui ai dit : « *Michel, il faut que tu vois ce que tu as fait. Tu ne te rends pas compte, mais l'image est plus forte que toi, que ta voix, que ton histoire.* » Embarassé, il est venu visionner la séquence dans mon bureau et je lui ai répété qu'il ne pouvait pas se permettre cela. A ce moment, je pense qu'il a considéré que j'avais raison. Mais cela l'a insupporté de se dire qu'il avait eu tort.

Dès le lendemain, Coluche a repris l'antenne et là je l'ai entendu dire : « *Des nouvelles du sexe : ça va, ça vient.* » Le tout en passant pendant une seconde précise, le temps d'un unique plan, un extrait de film pornographique dans lequel un sexe volumineux pénétrait un vagin offert... Evidemment, les téléspectateurs n'ont vu que cela et certains ont appelé le standard pour se plaindre de cette provocation. En fait, c'était un pied de nez qui m'était destiné et qui signifiait, venant de Michel : « *Tu n'avais peut-être pas tort, mais comme tu m'as fait chier, voilà ma réponse.* »

Au-delà de cette anecdote, ses prestations quotidiennes me laissent un magnifique souvenir et je dois confesser que son arrivée à *Canal Plus* a aussi eu un retentissement phénoménal. Non pas sur les abonnements, son émission étant diffusée en clair, mais sur le coup de projecteur qu'il a suscité sur notre nouvelle chaîne. Il faut savoir que beaucoup de téléspectateurs ont fait régler leur poste de télévision sur la "4" pour voir Coluche. Il a donc joué un grand rôle dans l'initialisation, la première étape avant l'abonnement.

Ce jour de sa mort, je me trouvais dans mon bureau de la rue Olivier de Serres, à *Canal Plus*. C'était le début de l'après-midi et le téléphone a sonné. En apprenant la nouvelle, je me suis effondré. J'étais incapable de prononcer le moindre mot. Une certitude, sa disparition laissait un grand vide. Aujourd'hui, personne ne l'a remplacé. Un artiste de sa trempe, avec ses qualités et son charisme, n'existe pas. Il me manque et il manque aussi au public car son successeur n'est pas là. Je suis certain que, même dans la société actuelle, il aurait pu conserver le même ton, la même liberté. Il aurait su entretenir la flamme. Personne d'autre n'a eu le courage de souffler sur les braises, avec sa qualité de point de vue. Du coup, de telles blagues provoqueraient rapidement des scandales aujourd'hui. Le Conseil Supérieur de l'Audiovisuel serait donc contraint de sanctionner car il n'a plus l'habitude de ce type de commentaires.

En réfléchissant bien, je dirais que les "cousins" de Michel pourraient être *Les Guignols de l'Info*, mais ils passent par l'intermédiaire du latex. Coluche, lui, sortait ses idées de sa tête et les balançait instantanément. Intellectuellement, j'avoue qu'il m'impressionnait. A l'image de ces êtres intelligents qui ont de réels points de vues nourris et aussi une vraie culture personnelle qui vous frappe, vous épate, vous enthousiasme. Ils peuvent aussi vous scandaliser. Ce sont des personnes rares. Coluche en était une. »

Carlos

Yvan Chrysostome Dolto, dit Carlos, fut un proche complice de Coluche. L'interprète des tubes populaires *Tout nu et tout bronzé, Señor Météo, Big Bisou* ou encore *Rosalie*, partagea des moments mémorables avec son ami, aussi chaleureux et fantaisiste que lui. Il joua même l'enfant des époux Coluche et Le Luron durant leur mariage factice.

Propos recueillis le 23 février 2005.

« Impossible d'effacer cette dernière image. Chez lui, rue Gazan. Coluche était allongé dans son cercueil. Il portait cette chemise qu'il aimait tant, avec des cœurs rouges. Il était là, devant moi. Autour de lui, des bougies brûlaient. On entendait aussi de la musique classique en fond sonore. Ça m'a déplu. J'ai alors demandé qu'on enlève ces bougies et qu'on passe du *rock'n'roll* ! Sa mort m'a bouleversé. Quand j'ai appris la nouvelle, je participais à une séance photo dans un studio parisien. Qu'en dire ? Qu'il a été victime des travaux du *Club Méditerranée* à Opio ? De ce camion qui transportait des gravats et de ce chauffeur qui ne l'a pas vu ? Voilà, c'est aussi con que cela... Aujourd'hui encore, il me manque énormément. Il manque aussi à la société. Plus personne ne sait se moquer comme lui. Sa réactivité permanente lui permettait d'appuyer là où ça fait mal. En un sens, il tenait un rôle de régulateur. C'était un fou du roi. Sauf que lui, il allait loin car il ne craignait pas de se faire couper la tête. A présent, la page est malheureusement tournée.

J'ai connu Coluche sur *Midi Magazine*, l'émission de télévision présentée par Danièle Gilbert. On avait des amis communs : Ludo, Didier, Jean-jean et bien sûr sa femme Véronique. Si bien que je me suis rapidement retrouvé rue Gazan, à partager ses nuits ! On ne manquait jamais une occasion de faire la fête. Il y avait notamment ces énormes plats cuisinés pour la trentaine de personnes susceptibles de débarquer chaque soir à l'improviste. Parfois, on se retrouvait également chez moi ou dans l'une de mes boîtes de nuit, *Le Bistingo* et *Le Bilboquet*, où j'avais fêté mes trente-huit ans en sa compagnie. Pendant les tournées, quand on se produisait dans des villes voisines, on s'appelait, on se rejoignait et on passait la nuit ensemble, à manger, à boire, à refaire le monde et à rire... jusqu'au petit matin.

Il y avait aussi des moments plus calmes. Ces soirs-là, on regardait un film sur une grande télévision, on jouait au flipper ou au baby-foot, on délirait sur la société en fumant des pétards. Pendant ce temps, l'air de rien, Coluche enregistrait nos conversations sur son dictaphone pour alimenter ses sketchs. Ah, la rue Gazan ! C'était quelque chose. Au rez-de-chaussée, se trouvait son extraordinaire bistrot. Le premier étage était réservé à la famille. Quant au sous-sol, c'était notre domaine, celui des réjouissances. Il y avait là, pèle-mêle, le grand pouf, la télé, la petite table pour discuter, la piscine, le flipper, le baby-foot et même un petit atelier pour fabriquer des chaussures ! Comme les mocassins qu'il portait, dont il avait taillé le cuir et cousu les semelles... On a aussi pas mal traîné à la rédaction d'*Hara-Kiri*. Non seulement on participait ensemble aux romans-photos, mais on y vivait aussi de véritables fêtes païennes lors des bouclages.

Un jour, Coluche m'a raconté comment il avait décidé de devenir artiste. A l'époque, il habitait encore Montrouge, avec sa mère Monette. Il s'était dit : « *Moi, j'ai deux solutions. Ou je deviens voleur ou je deviens intelligent. Voleur, j'ai compris que ce n'était pas bien en voyant les copains partir en taule... Donc j'ai essayé d'être intelligent. J'avais repéré, dans un bistrot qui fermait plus tard que les autres, deux mecs qui jouaient aux échecs. Je me suis dit : "Ceux-là ont l'air intelligents." C'étaient deux instituteurs. Je leur ai payé plusieurs coups, j'ai sympathisé avec eux et ils m'ont finalement conseillé de lire Le Capital, de Karl Marx. A l'époque, je lisais très lentement, je déchiffrais syllabe par syllabe... Si bien qu'au bout d'un an, je leur ai rapporté le livre et ils m'ont donné un bouquin de Freud. Finalement, la seule chose que j'ai réellement comprise grâce à eux, c'est que je n'aimais pas la lecture. Depuis, je n'ai plus lu autre chose que des bandes dessinées et j'ai choisi la comédie.* » C'est vrai, Coluche n'aimait pas lire. En revanche, il ne quittait pas son dictaphone ! Chaque remarque était enregistrée et retranscrite dès le lendemain par sa secrétaire. Il relisait les notes, surlignait les phrases les plus pertinentes puis il les réutilisait sur scène.

Coluche était très intelligent. Je me souviens du jour où je lui ai présenté Johnny Hallyday. Il avait beaucoup de respect pour lui. Ils ont discuté et à la fin Michel m'a dit : *« Tu sais, ton pote, il est peut-être pas très cultivé, mais il a de l'instinct. Et l'instinct, c'est l'intelligence des pauvres !».* Johnny l'appréciait énormément. Il était étonnant aussi de constater que Coluche attirait les femmes intelligentes. D'abord timide et complexé, il a rapidement compris que son physique ne constiuerait pas un problème.

Il arrivait aussi qu'on se retrouve sur les mêmes plateaux de télévision, chez Guy Lux ou dans les shows de Maritie et Gilbert Carpentier. A l'époque, l'émission *Top à* nécessitait quatre mois de préparation. Rien à voir avec la télé d'aujourd'hui ! Ensemble, on chantait, on jouait la comédie. Coluche se débrouillait plutôt bien. Ce n'était pas un chanteur très talentueux, mais il assurait. Il a même participé à la tournée du *Splendid*, pour remplacer un artiste. C'était une époque bénie pour la création. Sans verser dans la nostalgie, je suis triste de voir comment évolue le métier. Avant, on comptait quatre ou cinq émissions de variétés par semaine. Dont celle, magique, des Carpentier. Maintenant, on ne chante plus. A part à la *Star Academy* ! Quand j'ai demandé à Johnny pourquoi il avait participé à cette émission sur *TF1*, il m'a répondu : *« Je n'ai pas le choix. C'est le seul moyen de chanter à la télévision. »* Finis les duos, les trios, les shows, les histoires, les décors et les costumes. Terminés également les quatre mois de préparation, la dizaine de jours de répétitions et l'ambiance qui régnait sur les plateaux...

Cet esprit créatif n'existe plus. Aujourd'hui, on formate tout. Même les radios libres et les maisons de disques. Saviez-vous qu'à une époque, on dénombrait vingt-deux maisons de disques ? Il en reste trois désormais. Qu'en penserait Coluche ? Que les temps changent, que la magie du métier a disparu. Rendez-vous compte : quand je participais à l'émission *Salut Les Copains* à la radio et qu'un tube des Beatles était diffusé à l'antenne, le public se massait devant le studio, persuadé qu'ils étaient là, avec nous ! A l'époque, il y avait cette insouciance. Peu importait le niveau d'études : on sortait de l'école et on trouvait du boulot. Il n'y avait ni crainte du chômage, ni du Sida. On vivait une grande liberté sexuelle. L'argent se gagnait relativement facilement et la vie n'était pas chère. On disait : *« Comment tu vas ? »*. Maintenant, c'est plutôt : *« Combien tu gagnes ? »*.

Sa provocation, salutaire, a eu le mérite de faire bouger les choses. Le point d'orgue fut sa fameuse candidature à l'élection présidentielle de 1981. Etait-il réellement dans son rôle ? Surtout avec ses clins d'œil sur les politiques à la fin de ses spectacles, où il finissait parfois avec une plume dans le cul ! Malgré tout, je sentais un malaise. Je crois que c'est l'une des rares fois où les évènements l'ont dépassé. En général, Michel dominait son sujet, mais pas là. Heureusement, il ne s'en est pas trop mal sorti.

Dans le genre mémorable, il y eut aussi ce savoureux mariage entre Coluche et Thierry Le Luron. J'étais l'enfant secret du couple. L'idée, c'était de se moquer du mariage très médiatique d'Yves Mourousi avec Véronique. C'est dans le taxi qui me conduisait à Montmartre que je me suis déguisé en bébé. Si vous aviez vu la tête du chauffeur ! Il avait chargé Carlos et c'est un gros nourrisson qui lui a réglé la note... Michel, Thierry et moi-même étions installés sur une calèche. Sur le trajet, de Montmartre au *Fouquet's*, puis jusqu'à *Europe 1*, il régnait une telle euphorie. Les gens sortaient pour nous saluer, certains dansaient, d'autres applaudissaient, des femmes exhibaient leurs seins. C'était incroyable : un non événement, pour rien, totalement gratuit, simplement pour rire. Tellement de gens avaient l'air heureux.

Comme moi, Coluche appréciait les îles. Notamment les Antilles. Pourtant, il ne voulait quasiment jamais partir en vacances. Finalement, il s'était décidé à acheter une maison en Guadeloupe et en a bien profité. D'ailleurs, je l'avais rejoint là-bas où son humour ne faisait pas l'unanimité. Et pour cause, à la question d'un journaliste local : *« Pourquoi êtes-vous venu en Guadeloupe ? »*, il avait répondu : *« Parce qu'il y a moins de noirs ici qu'à Paris ! »*.

Sa vie a basculé lorsque Véronique l'a quitté. Il ne s'y attendait pas du tout. Puis il y a eu *Tchao Pantin*. Une sublime prestation. Mais parallèlement, il a subi une métamorphose, en tombant dans la drogue et en perdant du poids. Sur sa carte de visite, Coluche avait marqué sous son nom "ancien comédien". Je ne sais pas ce qu'il ferait aujourd'hui, s'il était encore parmi nous. »

Henri Guybet

Il fut Salomon, le chauffeur juif de Louis de Funès dans *Les aventures de Rabbi Jacob*. Avant d'incarner ce personnage légendaire, Henri Guybet débuta au *Café de la Gare* au côté de Coluche. Acteur prolifique des années soixante et soixante dix, ce comédien au "tarin" si singulier se consacre désormais au théâtre.

Propos recueillis le 24 février 2005.

“ La dernière fois que j'ai rencontré Coluche, c'était six mois avant sa mort. Nous avions dîné dans un grand restaurant sur les Champs-Elysées. Même si on ne se voyait pas souvent, on était resté bons copains. J'étais ravi de partager cette soirée avec Michel. Nous avions passé un agréable moment. J'avais même été étonné par sa simplicité malgré son statut d'immense star. Ce soir-là, j'ai réalisé que, malgré tous ses courtisans, il n'avait pas d'amis. A part Bouboule, qu'il connaissait depuis l'enfance. A ce moment-là, j'ai pensé qu'il cherchait à se rapprocher de ses anciens complices.

Que dire sur Michel ? Autant il pouvait se révéler délicieux et généreux en privé, autant il était parfois détestable professionnellement. A tel point que lorsqu'il m'avait demandé de jouer un rôle dans son film, *Vous n'aurez pas l'Alsace et La Lorraine*, je m'étais empressé de décliner l'invitation, prétextant d'autres engagements. Après coup, je l'ai regretté. Il n'avait pas été dur avec les comédiens cette fois-là... juste avec les techniciens ! C'est ainsi : Coluche cherchait toujours à se mettre en valeur sur scène. S'il commençait à s'en prendre à quelqu'un, avec son sens exacerbé de la répartie, la personne incriminée pouvait passer un moment terrible. J'en étais gêné. Malgré cela, quand il nous a quitté pour monter sa propre troupe, on a conservé de bons rapports. Notamment parce qu'il venait régulièrement roder ses nouveaux spectacles au *Café de la Gar*e.

C'est dans ce lieu que notre aventure a commencé. Tout d'abord par l'intermédiaire de Romain Bouteille, que j'avais rencontré lors de cours de théâtre. Ensuite, nous avons fait du cabaret, sans grand succès. Un soir de 1968, dans l'un d'entre eux, *Chez Bernadette*, j'ai vu Coluche pour la première fois. Avant de le côtoyer vraiment, à *La Méthode*. J'y montais des sketchs avec Romain tandis que Coluche faisait la cuisine, servait les spectateurs et présentait le spectacle. Nous étions jeunes et plein d'enthousiasme dans une France en plein bouleversement. Bien évidemment, le soir, nous refaisions le monde.

Je ne me suis pas réellement investi dans les événements de 1968 car j'avais déjà trente ans, tout comme Romain. Mais ce tumulte plaisait à cet anarchiste assumé. Coluche aussi, quelque peu anar du haut de ses vingt ans, appréciait cela. Ce vent de liberté leur a en tout cas donné l'idée de monter leur propre théâtre, afin de pouvoir s'exprimer sans contrainte. Ils voulaient m'y associer et j'avoue que l'idée m'a séduit même si je ne savais pas très bien ce que nous allions proposer au public. En réalité, je pensais qu'ils bluffaient. Seulement, trois semaines plus tard, ils m'ont annoncé qu'ils avaient trouvé le local idéal : un sinistre atelier de mécanique, passage d'Odessa, près de la gare Montparnasse. De forts relents d'huile de moteur y saisissaient le visiteur et il n'y avait même pas d'électricité… Romain a sorti un briquet, l'a allumé et m'a dit : *« Tu vois, là on va fabriquer la scène, là on va faire des balcons et là on va mettre des loges. »* Ravi, Coluche acquiesçait de la tête. Honnêtement, j'ai pensé qu'ils étaient complètement fous ! Pourtant, dès le lendemain, les travaux commençaient…

On s'est lancé corps et âme dans cette histoire. Notre histoire. D'autant qu'on avait du mal à trouver des spectacles. D'ailleurs, je venais d'être viré de *Bobino*. Aussi, je me suis totalement impliqué avec Coluche et Romain sur le chantier. Nous n'étions plus des artistes mais des artisans du bâtiment ! Rapidement, Sotha nous a rejoints. Elle était accompagnée par un beau mec : Patrick Dewaere. Romain, ancien compagnon de Sotha, surnommait Patrick le “gomeu”. Un jour, alors qu’on était attablé au café, j’avais glissé malicieusement à Romain : *« Il a l’air sympa le gomeu »,* histoire de le titiller. Sa réponse fut mémorable : *« Regarde ce mec. Quand tu le vois, il est tellement beau que tu te dis qu’il est con. Et en fait, il ne l’est pas. Tu vois, c’est un mec qui est désavantagé par son physique. »* Du Romain dans le texte !

En tout cas, les travaux avançaient et on a finalement ouvert les portes de notre théâtre en 1969 avec, à l’affiche, *Des boulons dans mon yaourt*. Une comédie dans laquelle jouaient tous ceux qui avaient donné un coup de main pour restaurer la salle. Bien entendu, ce fut une grande première pour certains, comme Catherine Mitry, une amie de Romain, ou Miou-Miou, la copine de Coluche. Je ne sais pas si elles ont débuté contre leur gré, mais toujours est-il qu’au bout de trois mois, Miou-Miou révélait un certain talent sur scène, contrairement à Catherine. En réalité, j’ai appris plus tard que Miou-Miou avait suivi secrètement des cours de théâtre… Avec nous, elle avait poursuivi son apprentissage afin de façonner sa personnalité. Notre slogan était : *« Demandez l’impossible et vous aurez le minimum. »* Tout un programme…

Dans cette troupe, j’étais le seul marié. De surcroît avec une personne de l’extérieur alors qu’eux sortaient les uns avec les autres. Coluche avec Miou-Miou, Dewaere avec Sotha, Romain avec Mitry. Le soir, après le spectacle, vers minuit, je rentrais chez moi pendant qu’ils restaient au *Café de la Gare* jusqu’à quatre heures du matin. Ils partageaient tout leur temps libre et, naturellement, j’avais un statut un peu à part. Parfois, le matin, j’apprenais qu’un tel ne sortait plus avec une telle, mais avec une autre ! Quelque part, j’aimais cette ambiance. Ce climat passionnel. On était une famille, une société anarchique, inventée par Romain. Un anar qui, comme tous les anarchistes, interdisait les lois, mais passait son temps à en édicter ! D’un jour à l’autre, nos règles changeaient. Au point parfois de se contredire.

Dans notre petite société, Coluche dévoilait un sacré tempérament. Au point de devenir parfois agressif physiquement. Un trait de sa personnalité exacerbé par l'alcool. Quand Michel se retrouvait en état d'ivresse, il s'en prenait systématiquement à quelqu'un. En cela, il ressemblait à Gérard Depardieu, qui nous avait rejoint quelques temps au *Café de la Gare*. En discothèque, après quelques verres, Gérard cherchait toujours la bagarre. Simplement, il y avait une différence : Depardieu prenait au moins des gars de sa taille. Coluche, lui, s'en prenait toujours à des plus petits ! Régulièrement, je volais à la rescousse de sa malheureuse victime en lui disant d'arrêter de s'acharner ! Peu lucide, Michel me rétorquait : « *Mais je ne te comprends pas toi, tout va toujours très bien dans ta vie ?* ». Vous savez, ces artistes, Coluche et les autres, je les ai vus dans tous les états. En train de boire, de se battre, de faire l'amour aussi. Je n'avais pas le même rythme qu'eux, mais j'étais heureux de partager leur vie. Je les aimais pour leur talent d'improvisation. Même si, lorsqu'ils n'avaient pas d'idée, ils débutaient toujours par mon nez. Et le sketch se construisait sur cette base. C'était ainsi, les spectacles évoluaient tout le temps. On laissait toujours quelques pages blanches pour l'improvisation.

Dans nos spectacles, Coluche a révélé ce que je considère comme un défaut : il ne tirait pas la couverture à lui... il virait carrément les autres du lit ! Je m'en rendais bien compte, le soliste commençait à poindre. Il nous volait nos répliques, surtout les plus drôles. Une situation inacceptable. A tel point qu'avec Patrick Deweare, on l'attendait en coulisses pour lui casser la gueule. Les spectateurs devaient se demander ce qui se passait. Résultat : il se tenait tranquille pendant deux semaines puis recommençait. C'était plus fort que lui. Un jour, forcément, on a pris collectivement la décision de le virer. Personne ne voulait plus lui donner la réplique. Il est donc parti de son côté. Cette déchirure a sans doute marqué le début d'une nouvelle ère pour Michel. Vexé, il a voulu nous montrer sa détermination. Cette expérience l'a endurci. Avec sa propre troupe, Le *Vrai Chic parisien*, composée d'artistes plus dociles, il est même revenu jouer au *Café de la Gare*. Dès lors, entre nous, la situation s'est progressivement normalisée.

J'ai toujours considéré Coluche meilleur humoriste et habile agitateur de la société, que bon acteur. Tout le monde s'est pavané devant le film *Tchao Pantin*, mais j'affirme qu'il s'agissait d'un rôle très facile à interpréter. Vous savez, il suffit de s'asseoir devant sa feuille d'impôts pour avoir l'air triste... Il vivait à cette époque un drame personnel. Je me suis éloigné de Coluche durant cette période où il est tombé dans la drogue. Il me rappelait trop mon ami Patrick Dewaere, avec qui je prenais beaucoup de plaisir à jouer. Quand Patrick a commencé à se droguer, il a changé de monde et n'a plus fréquenté que des personnes dépendantes. Parfois, il manifestait l'envie de s'en sortir, puis il rechutait. Finalement, il s'est suicidé, avec la carabine que lui avait offerte Coluche. Alors, quand je suis allé rue Gazan et que j'ai vu Michel tomber dans les mêmes travers, je n'ai pas supporté. Je me souviendrais toujours de ces nombreux inconnus, débarquant et se dirigeant vers un endroit de la maison surnommé "la Pharmacie". Il s'agissait en fait de deux saladiers géants remplis de produit stupéfiants offerts à ceux qui le désiraient ! On pouvait y piocher librement et allègrement. Certains remplissant même des enveloppes pour aller en faire immédiatement commerce. Cette ambiance malsaine me répugnait.

De Coluche, je ne veux retenir que le talent et l'audace. Notamment lors de la campagne présidentielle de 1981. Quel joli coup ! Il m'avait d'ailleurs glissé : « *Tu te rends compte le fric que ça m'aurait coûté si j'avais dû me payer une attachée de presse pour me faire cette pub !* ». Il avait raison. C'était un anarchiste fantaisiste qui venait de trouver un terrain de jeu bien plus vaste que la scène. Il s'amusait à donner des coups de pied partout avec un œil fin et des réparties acérées. Lorsqu'il voyait une fente dans un mur, il savait parfaitement s'y glisser. Avec lui, tout était comme cela, sans compromis. Son arme ? Le dictaphone. Il ne le cachait pas. A table, il le branchait en permanence et nous disait : « *Bon, excusez moi, mais j'ai besoin d'idées pour mes nouveaux sketchs.* » Peu après, on retrouvait des morceaux de nos discussions dans son nouveau spectacle.

Je me souviens aussi de cet excellent sketch de Gérard Jugnot intitulé *Proverbes*. C'était l'histoire d'un mec qui n'arrivait pas à aller au bout de son proverbe car il bégayait. Coluche n'arrêtait pas de dire à Gérard de le lui donner, prétextant qu'il le raconterait mieux que lui. En vain… A l'époque, je le répète, Coluche était à la fois aussi attachant qu'agaçant. Mais son talent et sa force créatrice ne laissaient pas indifférent. D'ailleurs, on ne l'a pas remplacé. Personne n'a aujourd'hui son regard acéré. Lui qui maniait le rire comme une arme. Quelque part, le rire accuse toujours et remet en question beaucoup de choses. »

François Cavanna

Fondateur du journal “bête et méchant” *Hara-Kiri*, puis de *Charlie Hebdo*, François Cavanna fut l’auteur d’inoubliables chroniques satiriques. Ses furieux coups de gueule comme ses élans de tendresse plaisaient à Coluche. Ces deux-là étaient faits pour s’entendre. Notamment pendant la campagne présidentielle de 1981.

Propos recueillis le 16 juin 2005.

“ Nous étions alors rue des Trois Portes, dans le 5ème arrondissement de Paris. Nous venions d’y installer nos bureaux. Généralement, comme dans toutes les rédactions, il arrivait qu’on reste tard le soir pour effectuer le bouclage du prochain numéro. Coluche appréciait ce moment où nous mettions la dernière main à *Hara-Kiri*. Il venait après l’effort, en ami. Discutant avec les uns et les autres. Il ne nous gênait pas, au contraire...

On était alors une joyeuse équipe, mais j’interdisais la moindre goutte d’alcool pendant le bouclage. Aucune intrusion non plus. Le bouclage s’achevait toujours par la recherche de la couverture. Il n’y avait donc pas d’horaire fixe. Cela pouvait aussi bien se finir tôt dans la soirée que tard dans la nuit... Une fois ce travail achevé, on envoyait le journal à l’imprimerie et on ouvrait les portes. Là, c’était la fête, avec alcool et charcuterie. C’est précisément à ce moment que Coluche débarquait. Il n’était pas le seul. Beaucoup de personnes avaient pris l’habitude de nous rejoindre. Pourtant, dans ces moments de détente, on rigolait bien. Il était très sympathique et avait le don de focaliser l’attention sur lui.

Si je côtoyais Coluche au journal, je ne partageais pas sa vie privée. Même si, comme tout le monde, je me suis retrouvé dans des soirées chez lui, rue Gazan. Je me suis baigné dans la fameuse piscine et j’ai fait quelques parties sur les machines à sous. J'y suis allé quelques fois, mais je ne profitais pas trop de ces soirées. Pendant que les gars s'enivraient ou pire, moi je devais aller chez l'imprimeur porter les dernières corrections et attendre le tirage du premier exemplaire du journal jusqu'à trois ou quatre heures du matin. Donc, il fallait choisir entre le travail ou les fêtes chez Coluche. Je me rappelle seulement qu'il était toujours là avec son dictaphone. Dès qu'il sortait une blague ou que quelqu'un en disait une, il l'enregistrait...

J'ai connu Coluche à la fin des années soixante. J'étais très admiratif de Romain Bouteille. J'avais d'ailleurs demandé un jour à Cabu, l'un de nos dessinateurs, dans le cadre d'une chronique qui s'appelait *Sur un coin de nappe*, d'assister à son spectacle au cabaret *La Vieille Grille*. Dans cette chronique, censée présenter les spectacles parisiens, Cabu dessinait un croquis sur un coin de nappe justement et y ajoutait ses appréciations. C'est comme ça que j'ai connu Romain. Après, bien sûr, il y a eu le *Café de la Gare* avec Coluche, Miou-Miou, Dewaere, Guybet, Depardieu aussi... A cette époque, ils passaient souvent nous voir au journal le soir, après les travaux de leur café-théâtre. Nous n'avions qu'un petit local, rue de Montholon dans le 9ème arrondissement. On rigolait bien car ils déboulaient à la rédaction avec leurs vêtements pleins de plâtre. Quelle équipe et quels talents !

J'allais régulièrement assister à leurs spectacles au *Café de la Gare*, rue d'Odessa puis après rue du Temple. C'était folklorique... Comme ils ne voulaient pas que leur salle soit à proprement parler un théâtre, ils avaient pris une licence pour vendre des boissons non alcoolisées. A l'entracte, ils distribuaient des sodas entreposés dans une grande once en bois de trois ou quatre mètres de long. Je me souviens que Miou-Miou la manipulait à l'aide d'une corde qui permettait de la monter au plafond durant le spectacle pour gagner de la place. Ils distribuaient également des soupes bien chaudes pour les spectateurs qui le désiraient.

Quand Coluche nous a appris qu'il se lançait dans la campagne présidentielle de 1981, on lui a proposé tout naturellement de devenir son organe médiatique officiel. Il s'est donc mis au service du journal. Au début, comme lui, on a pris ça à la plaisanterie. Après tout, quelle belle occasion de se marrer ! On savait bien qu'il n'irait pas au bout. Mais on espérait qu'il tiendrait au moins jusqu'au premier tour. Surtout après avoir pris connaissance, comme lui, des premiers sondages. Il récoltait 10 à 12 % d'intentions de vote. Cela prenait une telle ampleur qu'il représentait un réel danger pour les partis politiques traditionnels. Vous comprenez, en obtenant ne serait-ce que 10 % au premier tour, il aurait été un sérieux arbitre pour les candidats des grands partis. Là, le jeu a tourné court. La presse l'a soudainement boycotté. Il était furieux. Tellement d'ailleurs qu'un jour, il a réuni tous les médias dans une salle pour une conférence de presse un peu particulière. Tout en mangeant des spaghettis sur scène, il a tenu aux journalistes un discours très violent, annonçant qu'il allait débuter une grève de la faim. Le lendemain, alors que toute la presse avait assisté à sa conférence, il n'y eut aucune ligne sur sa prétendue grève. Comme tout le monde le sait, l'histoire s'est achevée à l'hôpital. Finalement, il a retiré sa candidature.

Je me souviens qu'ensuite, avant de partir dans sa maison en Guadeloupe, il m'a dit : *« T'en fais pas, je vais leur foutre au cul. »* Quand il est revenu, il nous a dévoilé son projet des *Restos du cœur*. Effectivement, par ce biais, il leur a mis au cul. Et d'un coup, ceux qui avaient dédaigné et méprisé Coluche pendant la campagne présidentielle sont venus lui manger dans la main. Ils sont tous revenus… Je ne dis pas qu'il a fait les *Restos du cœur* uniquement pour ça, mais c'est vrai que, pour lui, ce fut le moyen d'assouvir une vengeance. Coluche n'était pas toujours un gentil garçon. D'ailleurs, Romain Bouteille, qui le connaît bien, avait dit de lui un jour : *« Coluche est un tueur. »* Et c'est vrai. C'était un tueur, sans pitié. Mais je l'aimais beaucoup, malgré ses défauts. Il pouvait se montrer généreux, mais pas au point de donner de l'argent à notre journal comme certains l'ont prétendu. Ou si c'est le cas, je ne l'ai jamais su… »

Agnès Soral

Son rôle dans le film *Tchao Pantin* lui a valu une nomination aux *César*. Punkette peroxydée, Agnès Soral y donnait la réplique à un Coluche désabusé. *« Une expérience magnifique »* confie la comédienne dont la carrière s'est enrichie depuis d'une trentaine de films et de nombreux rôles au théâtre. De Coluche, elle dévoile quelques images frappantes.

Propos recueillis le 22 juin 2005.

“ Il m'appelait “Princesse”. Il disait que j'étais raffinée, mais me reprochait ma fantaisie vestimentaire. Je l'entends encore : *« Prends soin de ta beauté ! Une femme comme toi n'a pas besoin de s'habiller avec humour contrairement à moi qui suis moche, petit et gros. »* J'ai mis quelques années à comprendre ce message car je ne me trouvais pas jolie. Sa fragilité me touchait. C'est la raison pour laquelle Coluche me manque encore considérablement. J'ai eu la malchance d'enterrer beaucoup d'amis, mais sa mort fut la pire. L'évènement nous a dépassé. Ce furent des obsèques nationales. Impossible de le pleurer entre nous, de conserver une certaine intimité. J'en ai été très frustrée. Longtemps, j'ai refusé d'en parler. J'avais même décliné toute participation à la tournée des *Enfoirés*. Je ne voulais pas que l'on croie que je récupérais sa mort. Aujourd'hui, alors que je me sens prête, on ne me sollicite plus…

J'ai rencontré Coluche à la fin des années soixante-dix, lors d'une fête au *Café de la Gare*. Ce jour-là, je n'ai pas osé lui parler car Michel impressionnait l'auditoire avec ses blagues. Ce n'est réellement que sur le tournage de *Tchao Pantin* que je l'ai découvert. Au début, je me méfiais de lui, à tort, car je l'avais trouvé raciste dans son sketch sur l'arabe. Mais en faisant sa connaissance sur le plateau, je me suis rendue compte qu'il était tout le contraire. Lui-même fils d'immigré italien, il avait souffert de la xénophobie. J'ai compris qu'il croquait l'être humain, comme un caricaturiste, pour montrer sa stupidité.

Pendant le tournage de *Tchao Pantin*, nous avons vécu le même quotidien, pendant presque trois mois et demi. Le jour, on partageait la même loge de maquillage et d'habillage. La nuit, on faisait la fête. Un rythme qui me convenait car j'avais reçu ordre de me faire une sale tête pour coller au personnage du film, une punkette. Un vrai défi pour moi qui étais à l'époque très sportive et soucieuse de ma santé ! D'ailleurs, je n'avais pas été retenue après les premiers essais car je paraissais trop "saine". J'avais dû consentir des efforts considérables. J'avais perdu six kilos en vingt jours et coloré mes cheveux pour ressembler à leur actrice idéale. Finalement, la fille qu'ils avaient retenue, une vraie punkette, ne savait pas jouer la comédie. Alors la production m'a proposé le rôle.

Avec Coluche, nous étions installés dans une caravane. Je l'observais, je l'écoutais, je lui parlais. Inévitablement, je suis tombée sous le charme de cet homme attentionné et nous sommes devenus amis. Comme j'étais insomniaque, j'arrivais tôt sur le plateau. Lui aussi. Michel en profitait pour me montrer ses textes, sur son petit cahier, avec son écriture infantile. Je le trouvais attendrissant et naturel. Différent de son image publique, où il était surtout en représentation.

Il saisissait rapidement les choses. C'est pourquoi il n'aimait pas répéter les scènes. Pourtant, sans répétition, il n'était pas forcément bon. Un jour, je lui ai dit : *« Tu sais, ta doublure a mieux joué que toi. »* Après ça, il s'est mis à répéter ! Même s'il le vivait comme une contrainte. Michel voulait privilégier la spontanéité. Il n'aimait pas que le travail d'acteur se voit. Il faisait confiance à son savoir-faire. Mais dans ce film là, il avait compris qu'on attendait plus de lui...

Michel était un faux désinvolte. Il se retranchait derrière cette façade pour ne afficher sa sombre conscience du monde. Il était extrêmement sensible. Moralité, il se protégeait en multipliant les activités avec sa bande de copains. Il participait sans cesse à des émissions de radio, à de spectacles et à des enregistrements télé. Le tout avec un talent unique. C'était dingue : il parvenait toujours à sublimer les blagues qu'on lui racontait. Et on en riait de plus belle ! Je me souviens qu'un jour il avait dit de Romain Bouteille : *« Je ne comprends pas pourquoi Romain, qui m'a tout appris, n'applique pas ses conseils sur lui-même. Il deviendrait célèbre ».*

Après le tournage, nous sommes restés proches. Entre lui et moi, ça a été clair dès le début. Il avait bien essayé de me draguer, mais je n'ai jamais eu de relation amoureuse avec lui. Je lui avais clairement fait comprendre que ce n'était pas envisageable. Il m'avait alors répondu : *« C'est pas grave. »* Etonnamment, il est resté très gentil. Généralement, les hommes éconduits deviennent agressifs ou secs. Michel, lui, avait simplement conclu : *« Quand tu es petit, gros et laid, tu n'as pas d'autres choix que d'être gentil. »* C'était très touchant. Notre amitié en est sortie grandie.

Dans *Tchao Pantin*, il y avait une scène dans laquelle je lui proposais de coucher avec moi, mais son personnage refusait. Nous en avions parlé dans la loge. Ça l'étonnait qu'un type comme ce Lambert rate une telle occasion : « *Déjà, un boudin, si c'est pas vu, pas pris, les garçons, ils y vont. Alors un canon ! »*. Au moment de tourner, il nous a bien fait rire. En réponse à ma réplique, il a dit : « *Je peux pas... je peux pas... j'ai mes règles ! »*. Evidemment, l'équipe technique a eu du mal à retrouver son sérieux. Finalement, il a changé son texte. Préférant : *« Va t'en, t'as rien à faire ici ».*

A cette époque, il me parlait souvent de sa femme, Véronique. Il lui vouait un grand respect car elle l'avait connu pauvre. Mais il était d'une jalousie maladive... Coluche collectionnait pas mal de choses, comme les lunettes, mais pas les femmes. Par la suite, je ne lui ai connu que deux amies. Elles portaient le même prénom. C'était assez pratique ! Il aimait beaucoup l'une d'entre elles, Fred Romano, qu'il trouvait brillante. Une fois, ils se sont disputés très violemment, physiquement même. Personne n'a voulu l'héberger pour ne pas vexer Michel. Elle n'avait plus rien. Je l'ai accueillie dans mon appartement. Michel ne m'en a pas tenu rigueur, il a même apprécié mon geste car il s'inquiétait pour elle. Le problème, c'est qu'il la trouvait tellement belle qu'il ne pouvait pas envisager qu'elle soit amoureuse de lui.

Comme j'appréciais les amis qui l'entouraient, j'ai participé aux soirées de la rue Gazan. C'était mémorable ! Notamment celles où on jouait au "zapping". Le jeu consistait à regarder la télévision, à couper le son et à doubler les acteurs. Quelle rigolade… Chez lui, il régnait constamment une ambiance de fête. Il n'arrêtait pas de blaguer. Je me souviens de ce caleçon que je lui avais offert. Bien voyant, bariolé mais hélas trop petit ! Il l'avait mis sur sa tête en disant : *« Oh j'adore ce chapeau »*, avant de m'embrasser pour me remercier. Son sens de la répartie faisait toujours mouche et ses copains n'étaient pas les derniers non plus pour s'amuser. Autant dire que j'ai apprécié ces soirées, sans pour autant les accompagner dans leurs virées nocturnes, car il était difficile d'être une fille dans cette bande. Il y régnait un côté misogyne. Même Michel, parfois, dépassait les bornes. Il devenait trop grossier, notamment vis-à-vis des femmes. Enfin là, c'est peut-être mon côté féministe qui s'exprime.

Dans ces soirées, il y avait aussi beaucoup de drogue et Coluche s'est laissé tenter. Au début, il se justifiait sur le ton de la plaisanterie : *« Je n'y ai pas touché avant 40 ans. »* C'est exact. Il avait commencé tard et je suis persuadée qu'il aurait réussi à s'en passer. Il a commencé par fumer des pétards et a fini par devenir accro à l'héroïne. Il l'associait même à de la cocaïne pour se fabriquer ce qu'on appelle des *speed balls*. Un jour, il m'a dit : *« Il faudrait que j'arrête pour que ça me refasse de l'effet. »* Chez lui, l'herbe était là, à volonté, à disposition. J'ai vu des personnes exagérer. Certaines repartaient avec des sacs entiers. Heureusement, il y en avait d'autres, plus *clean*, plus intéressants, comme ces écrivains, ces dessinateurs ou encore ce juge anti-terroriste.

A l'époque, Philippe Léotard dormait fréquemment chez Coluche, dans la salle de jeux des enfants. A côté, il y avait une petite pièce qu'il adorait : la buanderie. Philippe pouvait y poser ses rails de coke sur les machines à laver et suspendre les textes qu'il venait d'écrire sur la corde à linge. Avec Michel, on descendait parfois les lire puis on les cachait car Philippe, jamais satisfait de lui, les détruisait systématiquement. A ce moment-là, il était encore épris de Nathalie Baye et ses textes nous bouleversaient. Tous les trois, on dissertait souvent sur l'amour, les déceptions, les rapports hommes et femmes. Je leur donnais mon point de vue féminin...

La peur de manquer angoissait aussi Coluche. Pourtant, il n'était pas du tout radin, mais plutôt très généreux. Là encore, il agissait avec intelligence, en dénichant parfois un cadeau sans réelle valeur, sauf pour la personne qui le recevait. Il était plus touché par la fragilité des gens que par leurs certitudes.

Michel et moi partagions une autre angoisse, liée à la nourriture. Quand je vais chez quelqu'un, je file dans son frigo voir ce qu'il y a à manger. Pas parce que j'ai faim, simplement pour me rassurer. C'était pareil pour lui. Je me souviens de ce jour où on dégustait un flanc. Il avait l'habitude de s'en cuisiner lui-même, avec des poudres à préparation, dans de grands saladiers. Ce jour-là, alors que je mangeais tranquillement une part de ce flanc dans un ravier, il avait englouti goulûment le reste du saladier ! Je lui avais dit : *« Mange doucement, je ne vais pas te le voler ! »*. Il m'avait répondu : *« C'est parce que j'ai eu faim. »* Il avait besoin de gérer la nourriture. Sur le tournage de *Tchao Pantin*, il y avait aussi un barbecue, avec un garçon pour préparer en permanence des repas, jour et nuit. Mais cela ne lui suffisait pas. Le soir, dès qu'on arrivait chez lui, il me demandait : *« Est-ce que tu veux que je te fasse à manger ? »*. On a souvent cuisiné ensemble, d'autant qu'il se débrouillait plutôt bien.

Evidemment, je me souviens de ce mois de juin 1986 où il est parti sur la Côte d'Azur. Comme je savais qu'il descendait en moto avec ses copains, j'ai refusé de les accompagner. C'est le destin ! Peut-être aurais-je été derrière lui le jour de son accident ? Là bas, il y avait aussi Mathilda May. Par la suite, elle m'a confié qu'ils avaient parlé de moi quelques heures avant sa mort. Au restaurant où ils déjeunaient, une serveuse me ressemblait. Il avait alors demandé à Mathilda : *« Tu ne trouves pas qu'elle ressemble à la Soral ? »*.

Au même moment, je me trouvais à Cabourg, au Festival du film, avec Etienne Daho et Caroline Loeb. Je me souviendrais toute ma vie de ce jour. Le co-auteur du tube *C'est la ouate*, Pierre Grillet, est venu vers nous. On était en plein fou rire. Il nous a regardés, puis a dit : « *Coluche est mort.* » Le temps venait subitement de s'arrêter. Moi qui ne consomme pas d'alcool, j'ai bu comme jamais, en commandant des mètres de tequilas sunrise. J'ai pensé que je devais faire une superbe fête pour lui. Mais je n'imaginais pas à quel point il me manquerait. Comme ami, évidemment. Mais aussi comme complice. Son côté fou du roi, ses points de vue sur la société... personne ne l'a égalé. Aucun artiste n'a atteint sa précision dans la manière de croquer la société. Il savait épurer, simplifier une idée, en l'exprimant dans le langage commun. Pour moi, c'est cela l'intelligence. C'est quand on parvient à simplifier les choses compliquées. Souvent, les personnes soit disant brillantes font tout le contraire. Il était passionné de philosophie. Pas de manière érudite, mais plus empirique. Son credo, c'était d'essayer de ne pas juger et de penser par lui-même. Cela ne le dérangeait pas qu'on ne soit pas de son avis, mais il fallait argumenter…

Bien plus tard, il y a eu également cet étrange moment. Je me trouvais en Afrique du Sud, sur le tournage de la série anglaise *Bonne Espérance*. Il faisait très lourd, je travaillais dix-huit heures par jour. Rien que le maquillage durait quatre heures, le temps de réaliser un vieillissement pour incarner mon personnage. Afin de tenir le coup sous la chaleur, je devais réduire mon rythme cardiaque. Je déjeunais de manière très légère et je buvais à température ambiante pour ne pas subir de choc thermique. Pendant les pauses, je m'allongeais pour me plonger dans une sorte de pseudo méditation. Un jour, je devais jouer en anglais une scène compliquée. Et là, j'ai entendu sa voix : « *Te bile pas ma poule.* » Il m'énervait quand il me surnommait ainsi. Mais cette fois, sa voix m'avait requinquée. J'ai donc répété la scène en pensée, en décidant d'asseoir visuellement Michel dans un des fauteuils du plateau. Et étrangement, personne dans l'équipe ne s'est assis dessus tout au long de la journée. Les assistants, les techniciens, les comédiens, ont préféré la petite estrade à côté. Il y a bien une jeune femme qui s’est assise un court instant sur le bras du fauteuil et je me suis dit : « *Tiens, le charme va être rompu.* » Elle s’est aussitôt relevée, comme si quelqu’un lui avait mis la main aux fesses ! Très souvent par la suite, j’ai rêvé de Michel. A chaque fois, il m’a parlé de choses importantes, parfois terrifiantes. Une fois, il m’a même dit : « *Mais tu es déjà morte.* » J’ai pensé que je devais m’inquiéter, que j‘étais malade. En fait, il voulait m’alerter, me bouger, m’obliger à renouveler ma manière de vivre, ma vision des choses.

Coluche vivait l’instant. Le moment présent. Rarement, je l’ai senti triste, abattu. Une seule fois, je l’ai vu pleurer. C’était à la mort de dessinateur Reiser. Même si il avait réussi à blaguer, je sentais ce jour-là qu’il était très atteint. ”

Renaud

C'est au *Café de la Gare* qu'ils se sont rencontrés. Entre Coluche et Renaud est née une belle histoire d'amitié, emprunte de respect et sans doute aussi d'admiration réciproque. Après sa disparition, en hommage, le chanteur a dédié aux proches de Coluche l'album *Putain de Camion*.

Propos recueillis le 16 septembre 2005.

“ Je n'étais pas en France à la mort de Coluche, ni au moment de ses obsèques. J'ai donc pu, heureusement, échapper aux “témoignages nécrologiques” dans lesquels je n'excelle pas et qui se sont multipliés à l'infini depuis par toutes sortes d'individus mettant surtout en avant leur prétendue “amitié” avec lui... « *Michel me disait souvent que...* » prétendaient-ils. Souvent ? Tu l'as rencontré une fois en coup de vent, pauvre pomme ! Et tu lui as bien tiré dans les pattes quand sa candidature aux présidentielles de 1981 s'est terminée un peu en eau de boudin avec ses « *Je me présente, je ne me présente plus, je suis victime d'un boycott des médias donc je fais une grève de la faim.* »

Malgré tout, j'avais trop envie, besoin, de dire tout haut, à ma façon, en musique et en rimes, à mon public et aux siens, l'affection que je lui portais. Le vrai chagrin que j'éprouvais, pour ses enfants, ses proches... Franck Langolff, mon ami, compositeur de *Morgane de toi*, m'avait quelques temps auparavant, proposé une musique pour un texte futur. J'ai écrit d'un jet *Putain de camion* dans l'avion qui me ramenait du Québec à Paris fin juin, sur cette mélodie que je trouvais belle et dramatique, idéale pour les mots que je voulais y coller. Au mois de juillet, un mois après l'accident du “gros”, j'ai repris ma tournée en France. Aux *Francofolies* de la Rochelle, j'ai chanté cette chanson pour la première fois, six mois avant qu'elle ne soit enregistrée dans l'album du même nom. Album dédié à ses fils Marius et Romain, album à pochette noire, couleur du deuil et de mon âme d'alors, illustrée d'un simple bouquet de coquelicots, la fleur préférée de Coluche. Une fleur qu'il avait tatouée sur sa poitrine...

Ce fut, pour revenir aux *Francofolies* de La Rochelle, un moment d'émotion inoubliable pour moi et, je crois, pour ceux qui assistèrent alors à cette "création". Quelques jours plus tard, Marius et Véronique sont venus nous rendre visite dans notre maison de vacances du Vaucluse. J'ai emmené le petit avec moi au théâtre antique de Vienne où j'avais un concert le soir même et j'ai été encore plus bouleversé de chanter cette chanson pour la deux ou troisième fois devant un Marius qui, lui, la découvrait... Je la lui ai, bien sûr, dédiée. Il a, bien sûr, versé quelques larmes. J'espère qu'il me les a pardonnées...

Entre Coluche et moi, tout a commencé en 1970. J'avais rencontré Patrick Dewaere, son frère Dominique Morin et Sotha quelques temps plus tôt à Belle-Île-en-mer, où nous avions sympathisé. Je crois que je les avais bien fait marrer avec mes premières chansons, interprétées un soir. Ils m'avaient invités à venir les voir à Paris au retour des vacances. Je suis donc arrivé au *Café de la Gare*, sans avoir la moindre idée de ce que j'allais voir. Je ne savais même pas ce qu'était un café-théâtre ! J'ai vu le spectacle et j'ai été halluciné par cet humour si nouveau, si décapant, si intelligent, si loin de ce que nous connaissions jusqu'alors. Avant 1970, l'humour, c'était plutôt les films de Zidi ou Fechner, les humoristes Bedos et Devos, Alex Métayer, Poiret et Serrault, les frères ennemis et quelques autres. Les acteurs comiques s'appelaient Bourvil, de Funès, Darry Cowl... Acteurs pour lesquels, au passage, j'ai toujours eu la plus grande admiration. J'ai été terrassé par ce nouvel esprit comique, comme la France entière le fut plus tard en grande partie grâce au film de Bertrand Blier, *Les valseuses*. Je ne connaissais que Romain Bouteille, de nom, et Jean-Michel Haas que j'avais côtoyé dans la Sorbonne occupée en mai 1968, lorsque nous étions lui et moi membres du C.R.A.C. Le Comité Révolutionnaire d'Agitation Culturelle...

Ce jour-là, j'ai vu Coluche pour la première fois. Il m'a, je l'avoue, fait plus rire que tous les autres malgré le talent et l'humour extraordinaires des Bouteille, Guybet et Dewaere. Peut-être grâce à sa bouille ronde, son côté clown, sa gouaille... Après le spectacle, on a un peu parlé et j'ai intégré la troupe du *Café de la Gare* pendant quelques mois. Par la suite, j'ai entretenu avec toute l'équipe des relations amicales qui durent encore, particulièrement avec ceux qui sont encore de ce monde (humour...).

Je ne sais pas toujours la qualité principale que je privilégie chez les gens que j'aime. Je les aime souvent pour tout ce qu'ils sont, avec leurs qualités et leurs défauts. Sa générosité ? J'avais craqué un soir sur un vieux gant de base-ball qui traînait en coulisses au *Café de la Gare*. Un accessoire pour une pièce plus à l'affiche. Coluche m'avait dit : « *Tu le veux ? C'est à moi, je te le donne.* » Il y a aussi cette phrase que j'ai souvent reprise du genre : « *Les choses n'appartiennent pas à ceux qui les possèdent mais à ceux qui en ont envie.* » Tous ceux qui sont venus rue Gazan manger à sa table, toujours ouverte, peuvent témoigner de sa générosité aussi bien que moi. Quand il a commencé à gagner plein de thune et à vivre dans le confort, il considérait qu'il se devait de partager, d'en faire profiter les autres.

Sa personnalité ? Il en avait plus que tout le monde. Son humour ? C'est l'homme qui m'a fait le plus rire depuis ma naissance. Et pour avoir un tel humour, il faut posséder une intelligence hors du commun, un sens de l'observation exceptionnel. Sa fidélité en amitié ? Indiscutable ! Et réciproque en ce qui me concerne... Coluche avait aussi, et on n'en parle pas souvent, une réelle admiration pour les gens qui "réussissent" non seulement grâce à leur talent mais surtout grâce à leur travail, leur opiniâtreté, leur ambition, leur courage, leur enthousiasme et leur exigence. C'était son cas. Donc il admirait cela chez Charlélie Couture, Richard Gotainer, la bande à Ramon Pipin (*Au Bonheur des dames*), Gérard Lanvin, Martin Lamotte, ses potes du *Splendid* et chez tant d'autres artistes qu'il a "aidé" d'une manière ou d'une autre. Avec lesquels aussi, il a collaboré artistiquement.

En ce qui me concerne, en 1982, il m'a exprimé clairement cette "réflexion", étonné et admiratif de voir que le "p'tit Renaud", comédien balbutiant en 1971, chanteur approximatif en 1975, bourrait maintenant les salles et vendait des albums à la pelle. Je ne veux absolument pas dire qu'il aimait ou admirait la "réussite sociale" mais qu'il appréciait énormément quand celle-ci était consécutive à un talent, notion subjective s'il en est, et à un vrai travail. Bien qu'il ait chanté *Sois feignant*, Coluche était un bosseur acharné et n'avait d'estime pour les feignasses ou les ratés que s'ils le faisaient rire.

Rapidement, j'ai su qu'il irait très loin... Pas besoin d'être devin pour dire cela. Tous ceux qui l'ont vu à cette époque ont dû penser la même chose. Pareil pour Dewaere ou Miou-Miou, à la différence que Coluche était auteur. Les autres, non. Maintenant, était-il une star pour autant ? Par définition, une star est une étoile dans le ciel qui illumine la terre entière ou au moins la moitié. Donc, ce mot convient mieux à quelques artistes anglais ou américains, de Marilyn Monroe à Marlon Brando, d'Elvis Presley à James Dean, des Beatles à Bono. Je ne vois pas d'artistes français, sauf peut-être Alain Delon et Gérard Depardieu, pouvant prétendre à cette appellation. Prétendre à un rayonnement planétaire...

Est-ce que Rimbaud, Céline, Maupassant, Mozart, les Beatles, Charlie Chaplin ont été "remplacés" ? Peu importe. Est-ce qu'ils sont inoubliables, comme Coluche ? Pour moi oui. D'autres ont voulu prendre sa place, d'autres ont du talent, mais aucun ne remplacera jamais Coluche. Pas plus que Desproges ou Reiser, pour ne rester que dans l'humour... Je pense, à tort ou à raison, que l'humanité ne produit un Coluche qu'une fois tous les cent ans. Je pense à lui tous les jours. Dès que j'ouvre un journal, regarde les infos à la télé, je me demande comment il aurait réagi devant toutes ces barbaries, toute cette misère. Lui seul aurait pu me faire rire de tout avec, en plus, un vrai fond contestataire et révolté dans ses propos. Un clown rebelle... Qui nous faisait donc rire et qui nous rendait moins cons. Contrairement à *TF1* par exemple... »

Pierre Boudon

Féru de motos, Pierre Boudon dirigea pendant des années le magasin *Sud Moto* à Fresnes puis au Kremlin-Bicêtre. Un jour, Coluche lui a acheté un modèle. Le point de départ d'une passion mécanique partagée. Ensemble, ils ont même préparé l'un des plus beaux défis de l'artiste : un record du monde de vitesse à moto, battu en 1985 en Italie.

Propos recueillis le 22 juin 2005.

“ Ce 19 juin 1986, j'ai appris sa mort dans mon bureau, à Fresnes. Je savais qu'il se trouvait à Grasse avec ses copains pour faire la fête. Il m'avait même proposé de les rejoindre. Mais c'était impossible, avec mon travail. J'ai entendu le flash à la radio. Une annonce brutale. Avant Michel, j'avais déjà perdu des amis en compétition, mais là c'était particulier. Pendant plus d'un an, je ne suis pas remonté sur une moto...

Moi, c'est surtout le motard que j'ai connu. La première fois qu'il a passé la porte de mon magasin *Sud Moto*, c'était par hasard. Il recherchait une Husqvarna d'enduro. Mais, finalement, il est reparti avec une 250 cm3... Un modèle bien trop bruyant, qu'il a rapidement renoncé à utiliser d'ailleurs. Ensuite, Michel n'est plus revenu jusqu'au jour où il a commandé un modèle chez un spécialite réputé, Georges Martin, dont le magasin était situé aux Sables d'Olonne. Accaparé par un tournage de film, Coluche n'avait pas le temps d'aller chercher cette moto. Georges lui avait alors recommandé de la faire livrer chez moi, car je m'occupais de ses clients parisiens. Coluche est donc venu la récupérer à *Sud Moto*. C'était une Martin Kawasaki 1135, sur laquelle il avait demandé des petites modifications. Il faut dire que nous possédions le savoir faire avec un esprit compétition. Michel a aussi voulu que Serge Rosset, le responsable du team officiel Kawasaki Endurance, lui monte un moteur Performance d'usine ! D'un coup, Coluche a eu un vrai bolide de course entre les mains. Il s'agit sans doute de la moto dont il a été le plus fier. Entre nous le courant passait bien. L'ambiance du magasin lui plaisait. Il revenait fréquemment acheter des bricoles. Forcément, on a sympathisé. Avec ses copains aussi d'ailleurs, Jean-Michel Vaguelsy, Ludovic Paris, Didier Lavergne, Jean-Marie Marion ou encore Erick Courly. Petit à petit, Michel avait même pris l'habitude de venir bricoler tranquillement dans l'atelier, derrière, avec les mécaniciens. Il partageait notre approche, notre passion de la mécanique.

Pour Coluche, une moto achetée ne devait jamais rester d'origine. Il ne pensait qu'à la transformer. Pas forcément la "customiser", surtout la personnaliser. Son regard sur la mécanique semblait très affûté. Tout le monde ne possède pas cette finesse. Il avait une capacité très forte d'analyse, pour la moto comme pour le reste. C'était un vrai connaisseur ! Notamment en ce qui concerne la sécurité. Dès qu'il me confiait une moto d'occasion, il demandait prioritairement qu'on lui monte de bons freins et de bons pneus. Et ajouait : *« Et si on mettait ceci ou cela ? »*... Des choix très surprenants parfois. Au final, le résultat était toujours parfait, avec des motos originales.

Il s'avérait beaucoup plus passionné que certaines personnes qui se prétendent motards. Quand il partait rouler en bande, avec ses copains, il ne cherchait pas à être le plus véloce. Il privilégiait toujours la prudence. Sa passion pour la moto pouvait même se révéler dévorante. Une fois, en plein hiver, il était passé au magasin pour s'équiper entièrement dans l'optique d'un voyage en Italie à moto. Pour son périple, il avait tout acheté en triple épaisseur tandis que les autres avaient sagement décidé de le rejoindre en voiture !

Un soir, Michel et Erick Courly ont commencé à parler d'un record du monde de vitesse moto. Plus précisément celui du kilomètre lancé. A l'époque, ces records n'intéressaient guère les spécialistes. Les motos ayant évolué, ils s'avéraient pourtant accessibles. Erik a soumis l'idée à Michel, qui l'approuva aussitôt. Seulement voilà : il voulait le tenter dès le lendemain ! Cependant, il fallait tout de même un certain temps pour mobiliser une équipe de trente personnes, au niveau de la fédération, du chronométrage, comme du circuit. Cette tentative nécessitait aussi un minimum de préparation. Car, mine de rien, ce record, il fallait tout de même le battre sur une piste ovale comme Nardo. Un circuit italien balayé par le vent, que Coluche devait affronter dans les deux sens, malgré son gros gabarit et surtout avec une moto de collection. En effet, il avait acheté la Yamaha OW31 750 cm3 compétition client avec laquelle Patrick Pons avait fini 5ème du *Bol d'Or* en 1979. Mais, depuis, c'était surtout devenu une moto d'exposition ! Elle nous a donc laissé des tas de souvenirs...

Ceci dit, ça a été une belle aventure. D'entrée, Coluche m'avait prévenu : « *Tu t'occupes de tout.* » Mais moi, je n'avais jamais travaillé sur cette machine. On était en plein mois de juillet. On avait juste réalisé quelques essais en région parisienne, à Carole et à Montlhéry. Je ne disposais d'aucune pièce de rechange. Rien. On avait par exemple cassé un embrayage et pour en trouver un autre, Coluche avait dû passer une annonce dans son émission sur *Europe 1* ! Je suis moi-même allé dans les Yvelines, chez un auditeur, récupérer un embrayage identique.

On s'est donc retrouvé à Nardo dans ces conditions. La première fois, c'était le 17 juillet 1985. Sans réelle préparation. Je nourrissais aussi quelques craintes au niveau de la sécurité. Coluche avait bien tenté de me rassurer en prétendant que cette moto était passée entre les mains de Jacky Germain, le spécialiste des Yamaha de course. C'était vrai, il l'avait bien vu, mais simplement pour vérifier une bricole. Fort logiquement, la première tentative de record s'est soldée par un échec, le moteur ayant rapidement explosé. Et pour cause ! Coluche avait la manie de faire repeindre ses motos. Malheureusement, en sablant le réservoir, les résidus sont passés dans le carburant et on avait pas eu le temps de tourner suffisamment pour repérer le problème.

La seconde tentative fut la bonne. C'était le 29 septembre 1985, dans un contexte complètement différent. L'anonymat avait fait place à un incroyable intérêt médiatique. Désormais, le pétrolier *ELF* nous soutenait et nous étions prêts techniquement. De toute façon, il était hors de question de répéter le folklore du mois de juillet. Cette fois, la moto était vraiment passée entre les mains de Jacky Germain. Il avait même délégué l'un de ses mécaniciens à Nardo pour nous aider. Calmement, Coluche s'est installé sur son bolide, a mis son casque et s'est élancé. Quelques minutes plus tard, il battait le record du kilomètre lancé en atteignant 252,087 km/h. Je revois encore sa joie lorsqu'il s'est immobilisé dans les stands. Un bonheur rare, partagé avec tous ses complices. Aujourd'hui encore, je reste admiratif de son défi. Sur cet anneau, il fallait le faire. Quel plaisir de le voir réaliser son rêve.

La dernière moto que Michel avait acheté était une Suzuki Martin 750. Comme d'habitude, il nous l'avait confiée et, ensemble, on avait commencé à la transformer. On devait notamment la doter d'un réservoir de Harley Davidson. On n'a pas eu le temps de la finir... »

Thierry Lhermitte

***Les Bronzés* auront bientôt trente ans ! Sorti en 1978, ce film a lancé la carrière cinématographique des membres du *Splendid*. Parmi eux, Thierry Lhermitte, alias *Popeye*. Devenu un acteur populaire, alternant les rôles comiques et les prestations plus dramatiques, le comédien se souvient de ces années où il côtoyait quotidiennement Coluche. Il a même vécu un an chez lui. Souvenirs d'une amitié festive.**

Propos recueillis le 2 septembre 2005.

« Coluche, c'est un mec qui aimait les autres. Toujours prêt à aider. Quelqu'un de généreux. Comme ce soir de première, alors que nous venions de monter le nouveau *Splendid*, rue des Lombards. Un vrai désastre. Avec les copains, on était défaits. Après le spectacle, nous sommes allés dîner et devinez qui était là pour nous réconforter ? Coluche, évidemment... Ce trait de caractère s'est ensuite publiquement affirmé avec le lancement des *Restos du cœur*. Une œuvre formidable qui lui ressemblait.

La première fois que j'ai vu Coluche, c'était dans *Thérèse est triste*, le spectacle qu'il avait monté après le *Café de la Gare*. J'appréciais évidemment ce qu'il faisait, son langage comme son ton. Il avait beaucoup de talent. Quand il est monté seul sur scène, on a alors pris la mesure du personnage. Il s'est révélé encore meilleur. Ses sketchs, drôles, bien écrits, avec une vraie densité, faisaient un tabac. Il improvisait superbement, sans cesse. Du grand art ! Il était un exemple pour nous. En choisissant le *one man show*, il avait passé un cap.

Il n'existait pas de rivalité entre nous. Coluche avait sincèrement envie que ses copains artistes réussissent à s'imposer individuellement. Il ne nous voulait que du bien. Quand il jouait au *Vrai Chic parisien*, on allait l'encourager. Avec les autres comédiens du *Splendid*, on s'y rendait très souvent. En fait, avec Coluche, on se retrouvait le soir, après ses spectacles. On formait une grande bande. On allait dîner, rire ensemble. Je crois que Coluche aimait cet esprit, cette ambiance. Le fait que tout le monde s'entende, qu'il y ait des tas de gens autour de lui. Il recherchait cela.

Avec Michel, notre amitié était telle que j'ai vécu quasiment un an chez lui. Il venait d'emménager rue Gazan, près du parc Montsouris. On se voyait donc tous les jours. Durant cette période, j'ai bien entendu passé la plupart de mes soirées à faire la fête. J'adorais cette atmosphère, le défilé des copains, en permanence, à toute heure. On a tenu à ce rythme pendant quelques temps. Je ne vous parle même pas des Noëls et des premiers de l'an qu'on a passés dans sa maison. Quelle ambiance, quels souvenirs ! Et puis, je suis devenu moins assidu.

Je n'ai pas pu l'aider quand il ne se sentait pas bien, au début des années quatre-vingts. On se voyait moins, il faisait du cinéma dans son coin, il travaillait pour remonter sur scène un nouveau spectacle. Je n'ai pas vraiment perçu sa détresse. On a commencé à s'éloigner l'un de l'autre après sa candidature à l'élection présidentielle en 1980. A cette période, d'autres personnes ont débarqué chez lui et elles n'étaient pas forcément à mon goût. Je pense que ce nouvel environnement a contribué à transformer ce qui ressemblait à une bonne blague en quelque chose de plus sérieux. Sans doute Coluche a-t-il douté. Peut-être même y a-t-il cru ?

Professionnellement, j'ai eu plusieurs fois l'occasion de travailler avec Coluche. Il m'avait demandé de jouer dans son film, *Vous n'aurez pas l'Alsace et la Lorraine*. Il y avait fait tourner beaucoup de copains : Gérard Lanvin, Anémone, Dominique Lavanant, Martin Lamotte, Michel Blanc ou encore Roland Giraud. Ensuite, avec la plupart des membres du *Splendid*, on est monté sur scène à ses côtés dans la reprise de *Ginette Lacaze* à *L'Elysée Montmartre* en 1976. Une sacrée expérience : on se disputait tout le temps ! Non, disons plutôt que nos discussions très animées, dégénéraient rapidement. C'était inévitable. On vivait tellement les uns sur les autres que cela devenait de plus en plus dur insupportable. C'est pourquoi il était préférable que chacun fasse son truc de son côté. Que chacun poursuive sa carrière. Lui, en *one man show*. Nous, avec le *Splendid*.

On a collaboré une dernière fois sur le tournage de *La femme de mon pote*, en 1983. Ce film de Bertrand Blier ne restera pas un bon souvenir. Michel ne s'entendait pas spécialement bien avec Blier sur le plan artistique. En revanche j'ai beaucoup apprécié l'ambiance du tournage avec Coluche. Il m'a vraiment fait rire pendant les quelques semaines que nous avons passées à la montagne. Cela faisait quelques temps qu'on ne s'était plus vu car je tournais pas mal à cette époque. C'était super sympa de se retrouver…

J'ai appris la mort de Michel chez Claude Berri. Avec Josianne Balasko, nous assistions à la projection privée de *Nuit d'Ivresse*, dont nous venions d'achever le tournage. Ce fut un choc, un moment terrible. J'ai beau me dire que personne n'est irremplaçable, je reste quand même persuadé que sa place est demeurée vacante. Une telle personnalité laisse forcément un grand vide. Qu'il est dur, chaque hiver, de lancer les *Restos du cœur* et de le voir sourire sur les affiches ! »

Farid Chopel

Ensemble, ils ont tourné trois films : *La femme de mon pote*, *La vengeance du serpent à plumes* et *Sac de nœuds*. Trois aventures formidables pour Farid Chopel, artiste à la silhouette unique. A l'époque, il débutait au cinéma, après avoir été danseur et chanteur. Coluche, dont il loue le talent et la générosité, est rapidement devenu son ami.

Propos recueillis le 26 avril 2005.

« *La femme de mon pote*, de Bertrand Blier, nous a réuni pour la première fois en 1982. En ce qui me concerne, il s'agissait de mon deuxième film. L'équipe avait pris ses quartiers à Courchevel en plein hiver. Je n'avais que deux jours de tournage et on avait prévu de me loger à l'hôtel. Je n'y ai jamais mis les pieds. Dès mon arrivée dans la station, je me suis retrouvé dans le chalet loué par Michel. Sur les tournages, il avait pris cette habitude pour avoir ses amis auprès de lui. Son maquilleur, Ludovic, son coiffeur, Didier, mais aussi Coco, la sœur de Miou-Miou. Elle s'occupait de la cuisine. Comme il restait une chambre de libre, Michel m'a proposé de venir m'y installer. Je ne l'ai pas regretté ! Ce fut mémorable dès le premier soir. Nous sommes sortis en boîte de nuit avec les techniciens et je suis rentré vers cinq heures du matin. Sans clef, bien entendu. J'ai frappé à la porte. Pas de réponse. J'ai alors donné des coups plus violents et là, à un moment, la porte s'est ouverte sur Michel. Habillé dans une robe de chambre en soie rose, il m'a regardé et m'a lancé : *« Euh, Farid, ça commence bien. Vas te coucher ! »*. C'était notre première véritable rencontre.

Après le tournage de *La femme de mon pote*, je me suis mis à fréquenter régulièrement la rue Gazan. Quand j'étais à Paris et qu'il ne m'avait pas vu pendant trois ou quatre soirs, Coluche s'inquétait :

« *Mais qu'est-ce que tu fais ? T'es fâché ?* ». Jamais dans la profession, je n'ai entretenu de rapports aussi sincères. Il était devenu mon ami et je ne crois pas me tromper en disant que j'étais aussi un ami pour lui. Comment oublier sa générosité, ses attentions ? Comme ce soir où je suis allé fêter chez lui le réveillon du 31 décembre. Ma mère m'accompagnait. Il nous a accueillis en short, avec un foulard fluorescent dans les cheveux. Quand je lui ai présenté ma mère, il l'a tout de suite mise à l'aise avec son « *Salut ma poule.* » Elle a ensuite passé la soirée assise sur une banquette, à regarder passer les célébrités présentes, comme Jack Nicholson ! De son côté, Coluche papillonnait, mais il venait pratiquement toutes les trente minutes voir ma mère pour s'assurer qu'elle ne manquait de rien. Difficile d'être plus gentil.

Coluche était très généreux. Comme sur le tournage de *La vengeance du serpent à plumes*, au Mexique. J'avais deux semaines de break et j'avais proposé à mon amie de l'époque de les mettre à profit pour bouger vers la côte Pacifique. Mes finances étant serrées, j'ai demandé à Michel s'il pouvait m'avancer de l'argent. Il m'a aussitôt prêté cinq mille francs. Enfin, c'est ce que je croyais. Plus tard, de retour à Paris, après une journée de tournage dans les studios de Boulogne, on s'était donné rendez-vous chez lui. Je lui avais préparé un chèque de cinq mille francs, pour le rembourser. Et là, il m'a presque engueulé. Croyez-moi, j'ai insisté lourdement, mais je n'ai jamais pu lui rendre cet argent. Michel était comme ça. Il avait le cœur sur la main. A plusieurs reprises, je l'ai vu parler des *Restos du cœur* avec ses amis dont Paul Lederman, son producteur. On sentait que ce projet lui tenait vraiment à cœur. Dans ces moments là, on percevait son intelligence, sa finesse, sa force de conviction. D'ailleurs, de nombreuses personnes venaient lui demander conseil, à commencer par le Président de la République. François Mitterrand voulait son avis sur les jeunes et la manière de s'y prendre avec eux !

Bien entendu, je conserve un souvenir très fort de sa mort. Quinze jours auparavant, alors que j'étais à Paris, il m'avait appelé pour me demander de descendre le rejoindre sur la Côte d'Azur où il avait loué une maison près de Cannes. Ce furent deux semaines extraordinaires, d'autant que Michel se sentait mieux. Il en avait fini avec la drogue et son retour sur scène le stimulait. Il me faisait même écouter ses idées de sketch sur son dictaphone. Il commençait tout juste à les mettre en forme. Bref, tout allait bien. Puis, j'ai été contraint de rentrer deux jours à Paris pour régler une histoire de contrat. Avant de retourner auprès de lui dans le sud, j'avais toutefois prévu de faire un petit crochet par le Jura, pour voir les grands-parents de mon amie. En arrivant à la gare, sa grand-mère nous a dit : « *Michel est mort* ». On a cru au qu'elle nous parlait du père de mon amie, car il s'appelait lui aussi Michel. Mais rapidement, elle a précisé : « *Non, non, Michel Coluche.* » On a pris un tel coup sur la tête. J'ai téléphoné, j'ai demandé ce que je devais faire et on est finalement retourné à Paris.

Quand j'y repense, je me dis que c'était incroyable, impensable. Surtout après les quinze jours que nous venions de partager. On avait pris l'habitude de déjeuner à la plage, à Cannes. Comme je n'avais pas mon permis moto, la plupart du temps, je montais derrière lui. Mais ce jour-là, je n'étais pas là ! C'est ce qu'on appelle le destin, je crois… Depuis, Michel a laissé un grand vide. En tant qu'artiste d'abord, car aucun des comiques actuels ne peut le faire oublier. C'était un type tellement engagé, qui savait mettre les points sur les "i" et remettre les politiques à leur place. Mais il a aussi laissé un grand vide dans mon cœur, en tant qu'être humain. Pour moi, Coluche était unique. »

Georges Moustaki

En chantant *Le Métèque* en 1969, Georges Moustaki révèle ses talents de chanteur au grand public. Interprète, auteur, compositeur, poète, il se passionne également pour l'écriture et la peinture. Coluche admirait cet artiste qu'il considérait un peu comme un père. Mais c'est la moto qui les a réuni…

Propos recueillis le 18 août 2005.

“ *« Tu sais, on m'a prédit que j'allais mourir à quarante ans ! »*. En me remémorant cette phrase de Coluche, je ressens aujourd'hui encore un sentiment de malaise. Ce jour-là, quelque mois avant son quarantième anniversaire, nous étions tous les deux et j'avais pris cette boutade avec détachement. A vrai dire, je ne sais plus qui lui avait dit pareille chose. Une astrologue, peut-être ? Toujours est-il que je n'avais pas relevé, préférant passer à autre chose. Seulement, en octobre 1984, le jour de ses quarante ans, je n'ai pas pu m'empêcher de lui lancer, bêtement : *« Tu vois, il ne t'est rien arrivé. Tu es toujours vivant. »* Michel est mort quelques mois plus tard, à quarante et un an.

Sa mort, je l'ai reçue brutalement. Comme un coup de tonnerre qui déchire le ciel. Je me trouvais à Paris, jouant au tennis de table dans mon club. Soudain, le concierge a interrompu la partie en me demandant : *« Vous étiez bien l'ami de Coluche ? »* Je lui ai dit : *« Pourquoi "étiez" ? »* L'homme, gêné, a conclu : *« Parce qu'il est mort. »* Quelle douleur, quelle immense peine. J'aimais l'homme avant l'icône. J'ai le sentiment qu'il me considérait un peu comme son autre père alors que nous avions seulement dix ans d'écart. Cette relation quasi paternelle, sa sollicitude à mon égard, et l'admiration artistique qu'il me portait, nourrissaient notre amitié nouée au milieu des années soixante.

Etait-ce en 1965 ? Ou en 1966 ? Difficile à dire. Peut-être avant. A cette époque, quasiment chaque soir, j'enfourchais ma moto pour me rendre *Chez Bernadette*, un cabaret parisien. Derrière le bar, il y avait ce type qui faisait la plonge. Il disait s'appeler Coluche et, déjà, il faisait rire tout le monde. Il m'avait reconnu et je dois confesser que mon succès l'impressionnait. Rapidement, nous en sommes venus à parler moto car il avait repéré la mienne devant la porte. Elle le faisait saliver. Comme il n'avait pas d'argent et qu'il ne pouvait pas s'en offrir une, je l'ai emmené en virée derrière moi. Ce fut notre premier lien, notre passion commune. Une passion qui l'amenait parfois à faire des choses insensées. Par exemple, il allait jusqu'à voler des accessoires dans les magasins pour les installer sur ma moto !

Contrairement à ce que prétendent les gens, je n'ai pas offert à Coluche sa première moto. Je lui ai simplement prêté de l'argent pour qu'il s'en achète une. De mémoire, il s'agissait d'une Yamaha 250 cm3. Cette moto, il l'a utilisée quelques temps, sans me rembourser. Alors, un jour, il est venu chez moi et me l'a rendue. Il partait faire une tournée en Afrique pour gagner quelques cachets bienvenus.

Notre amitié allait grandir au fil du temps. Même si je donnais beaucoup de concerts et je voyageais énormément, Coluche faisait partie de mon cercle d'intimes. De ceux qu'on aime retrouver, avec qui on partage l'essentiel. J'appréciais particulièrement son esprit vif, contestataire aussi, comme lors des évènements de mai 1968. Avec Michel, nous avons d'abord suivi cela en curieux, observant ce souffle, ce mouvement étudiant, qui bouleversait le pays. Puis, on y a pris part. De mon côté, je participais à des spectacles pour soutenir les grévistes dans les usines. Coluche, lui, préférait les manifestations, l'action. Je l'ai même vu lancer quelques pavés ! Pas vraiment par militantisme, car il se sentait peu concerné, mais plutôt parce qu'il trouvait cela très drôle. Il disait que c'était *« un joyeux bordel »*.

De cet esprit contestataire est né le *Café de la Gare*, créé par Romain Bouteille et Coluche. Dans cette aventure, je faisais partie des mécènes, de ceux qui ont prêté de l'argent. Ils avaient mis au point un système d'auto gestion qui fonctionnait bien et ils ont été très corrects avec moi. Ceci dit, je n'étais pas un assidu de leurs spectacles. Je ne suis donc pas allé souvent les voir sur scène, mais je me souviens tout de même d'un débutant qui s'appelait Renaud. Pour être tout à fait sincère, j'ai parfois été déçu par Coluche sur scène car je le trouvais beaucoup plus drôle dans la vie de tous les jours. Là, face au public, il gardait une certaine mesure, il se retenait parfois. Michel était tellement drôle, toujours, partout. Son humour ne le quittait jamais. Ensemble, quand on avait du temps libre, on traînait les après-midi dans les rues de Paris et je le trouvais irrésistible. Il me faisait mourir de rire...

Ces après-midi-là, je lui rendais aussi des petits services. Régulièrement, Coluche me demandait de lui prêter les clés de mon appartement de l'Ile Saint-Louis. Je n'étais pas dupe, je savais pertinemment qu'il y donnait ses rendez-vous galants, mais je ne lui posais aucune question. Le plus drôle, c'est que bien des années plus tard, j'ai croisé par hasard Miou-Miou. Elle est venue vers moi et m'a dit : *« Au fait Georges, merci pour l'appartement de l'Ile Saint-Louis. »* La fille que Michel emmenait chez moi, c'était Miou-Miou...

Cela paraîtra peut-être étonnant, mais je n'ai jamais pris conscience de ce qu'il allait devenir. Et pour cause, j'ai connu *Chez Bernadette* un plongeur qui me faisait rire, mais il faut bien avouer que je ne le trouvais pas très conséquent. Comment deviner à ce moment-là que Coluche grimperait aussi haut, fédérerait autant de monde, emporterait une telle adhésion du public ? Je pense que Romain Bouteille a provoqué un déclic chez Michel. Il lui a certainement ouvert des perspectives artistiques qu'il ne soupçonnait pas lui-même.

La vie nous a ensuite éloignés quelques temps. Mon travail, les voyages, nos carrières respectives ont pris le pas sur le reste. Son ascension, je l'ai donc suivie à distance jusqu'à ce que nos routes se croisent à nouveau par hasard. Un jour, je roulais dans Paris à moto quand un automobiliste m'a interpellé à un feu rouge. C'était Michel, au volant d'une grosse berline. Il m'avait reconnu malgré le casque intégral. Ravi, il m'a invité à dîner chez lui, rue Gazan. Les temps avaient, semble-t-il, changé. Coluche était désormais très entouré, il vivait sans intimité. Sa maison ressemblait à une table ouverte ou anonymes et célébrités se croisaient au fil des soirées pour manger, s'amuser, consommer de la drogue également. Je précise toutefois que Michel n'avait pas le comportement d'un drogué. Pour ma part, je ne l'ai pas vraiment vu en souffrir. La réalité, c'est que dans ces soirées, il en consommait comme tout le monde...

Alors, que reste-t-il de Coluche aujourd'hui ? Inévitablement, certains comiques se sont inspirés de son talent, de sa finesse. Moi-même, j'ai été très influencé par Georges Brassens, Edith Piaf, Henri Salvador. Je dirai donc simplement que Dieudonné ou Gad Elmaleh ont un petit quelque chose de Coluche, de son esprit. Mais je préfère arrêter là toute comparaison. ”

Rémy Grumbach

***Le Jeu de la Vérité* : c'est lui ! Dans les années quatre-vingts, le réalisateur de télévision Rémy Grumbach était incontournable. Associé à Patrick Sabatier, il fit les beaux soirs de *TF1* avec ce fameux jeu. Coluche y participa à deux reprises. Et le courant passa si bien avec le réalisateur, que l'artiste lui demanda de prendre en mains une émission spéciale des *Restos du cœur*. Un marathon de cinq heures forcément mémorable....**

Propos recueillis le 25 février 2005.

“ Un artiste ne meurt jamais. D'autres arrivent, s'expriment, prennent la place, mais Coluche reste irremplaçable. Tout simplement parce que personne ne possède son talent. Il était si singulier, parfois génial. Un personnage à part. Enorme dans la dérision et touchant dans ses engagements les plus profonds. Chaque rencontre avec Coluche m'a bluffé. Avec lui, il fallait toujours s'attendre à l'imprévu.

C'est dans les années soixante-dix que j'ai fait sa connaissance. Durant cette période, je réalisais *Les rendez-vous du dimanche* pour *TF1*. Un jour, son producteur Paul Lederman m'a appelé pour me parler de Coluche. Il me l'a présenté et je suis allé assister à son spectacle. Immédiatement, le personnage m'a surpris. Physiquement d'abord, par son costume, son nez rouge, ses attitudes. Artistiquement ensuite, par sa façon de s'exprimer. Il possédait une sorte de vulgarité populaire, très forte, très efficace, très juste. Convaincu de son impact, j'ai invité Michel à plusieurs reprises dans l'émission. Autant de rencontres qui nous ont permis de sympathiser. Si bien que, par la suite, on s'est revu. Notamment lors d'un dîner chez Paul Lederman. Ça a été l'occasion de faire réellement connaissance autour de bonnes bouteilles de vin...

Quelques années se sont écoulées avant que nos routes ne se croisent à nouveau. Entre temps, avec Patrick Sabatier, nous avions mis sur pieds un concept d'émission totalement novateur : *Le Jeu de la Vérité*. La première avait été réalisée avec la complicité d'Alain Delon. Puis Guy Bedos a accepté à son tour l'invitation. Cette soirée avait très délicate pour lui et pour notre équipe car il semblait persuadé que l'émission était truquée. A tort. Notre principe était simple : avant le direct, dans l'après-midi, nous opérions un casting dans le choix des questions, pour éviter les récurrences, privilégier la meilleure élocution et la meilleure répartie. A partir de là, nous retenions quinze questions sur les six cents posées, principalement sur le sexe, l'argent, la religion, l'homosexualité. Ces questions, l'invité ne les connaissait pas. Sur les quinze, il y en avait douze plutôt gentilles et trois plus délicates. Nous répartissions ces trois questions dans l'émission afin de créer une certaine dramaturgie.

Coluche a participé deux fois au *Jeu de la Vérité*. Le premier, c'était en septembre 1985, dans les studios des Buttes Chaumont à Paris. Il faisait attention à tout, visionnait les images, soignait chaque détail. Comme cette chaise de bébé géante qu'il nous avait demandé d'installer sur le plateau. Quand il a vu le siège, il n'a pas pu s'empêcher de transformer certaines choses. Durant l'émission, il a été d'une sincérité incroyable. Normalement, les invités pouvaient utiliser deux jokers pour éviter les sujets tabous. Avec Coluche, il n'y a eu aucune restriction. Il voulait vraiment parler de tout, sincèrement. A la surprise générale, il s'est débarrassé de ses deux jokers sur les deux premières questions avant même que les téléspectateurs aient fini de les poser ! Du Coluche… Ensuite, il a répondu à toutes les autres questions. Dans son style, avec dérision, mais aussi sincérité. Un magnifique moment de télévision. A la fin de l'émission, quand Patrick Sabatier lui a demandé s'il était content de son *Jeu de la Vérité*, Coluche a répondu : *« Quel jeu de la vérité ? Il n'y a pas une question où je n'ai pas menti ! »*. Patrick a souri et lui a demandé s'il voulait revenir. Coluche a aussitôt accepté. C'est ainsi qu'on a réalisé une deuxième émission, à nouveau passionnante et toujours aussi porteuse en audience. On s'est alors promis d'en faire une troisième. J'ai proposé à Coluche de revenir en mai 1986. Il m'a répondu négativement car, à ce moment-là, il se trouverait à Cannes pour le Festival du film. Il m'a en revanche donné son accord pour une émission en fin d'année. J'ai toujours eu une grande confiance dans ce genre d'artistes qui, lorsqu'ils disent oui, s'engagent réellement. Delon est pareil. Il avait un jour donné son accord à Patrick Sabatier pour la première émission et il ne s'était plus manifesté pendant six mois. Mais, le soir du direct, Delon était là. Je me souviens qu'on avait cherché à rappeler Coluche un jour de juin, pour reparler de l'émission de fin d'année. Je lui avais téléphoné dans une maison, près de Grasse. C'était en fin de matinée. Il avait décroché et m'avait répondu : *« Je n'ai pas le temps de parler, je dois partir, mais rappelle moi vers 17 heures. »* Je l'ai rappelé à 17 heures. Mais, entre temps, il s'était tué.

Les passages de Coluche au *Jeu de la Vérité* restent inoubliables. Au même titre que celui de Chantal Goya. C'est la seule fois où le concept a dérapé. Après trois questions qui l'ont mis en confiance, la quatrième, posée par une institutrice, l'a déstabilisée. En lui reprochant d'abrutir les enfants et de gagner de l'argent sur leur dos, cette dame a complètement fait dérailler Chantal. Un vrai malaise en direct, devant des millions de téléspectateurs… Pour rebondir, on a repris tout de suite deux bonnes questions. Enfin, c'est ce qui était prévu. Entretemps, les personnes qui écoutaient l'émission ont changé leurs questions. C'était leur droit. Et toute la soirée nous a échappé.

A l'écran, Coluche était très facile à gérer. Lorsqu'on travaille en direct, il y a deux sortes d'artistes : ceux qu'il faut diriger entièrement et ceux qui ont un tel charisme, une telle présence qu'ils mènent eux-mêmes le bal. Avec ceux-là, c'est à nous d'avoir l'œil et de s'adapter. Personnellement, je préfère travailler avec ces artistes qui savent jouer avec la caméra. Il faut les suivre, les rattraper parfois. Ils possèdent spontanément l'instinct de l'image et ils ne mettront jamais en danger une émission. Je n'ai ressenti cela qu'avec trois artistes dans ma carrière : David Carradine, Jerry Lewis et Coluche.

Avec Coluche, il y a eu aussi cette fameuse “spéciale” réalisée le 26 janvier 1986 sur *TF1*. Coluche venait de lancer les *Restos du cœur*. Il m’a contacté pour prendre en mains une grande émission en direct censée promouvoir l’opération et récolter des fonds supplémentaires. Avec Patrick Sabatier, nous avons mis sur pieds cette “spéciale”, programmée un dimanche, juste après le journal de 13h00. Initialement, elle devait durer deux heures. Mais Coluche avait invité trop de personnalités, parmi lesquelles Johnny Hallyday ou Enrico Macias. Nous étions en direct du studio 101 de la *Maison de la Radio* en essayant de suivre notre conducteur, autrement dit notre programme, qui n’a pas cessé d’évoluer tout au long de l’émission. C’était impressionnant. Les gens ne cessaient d’affluer. A tel point que nous avons été envahis en régie. Bien évidemment, on a débordé sur les horaires. Le directeur de *TF1* de l’époque, Hervé Bourges, se trouvait à nos côtés. Il nous a donné le feu vert pour continuer et nous avons finalement rendu l’antenne après cinq heures de direct !

C’était hallucinant cet “après-midi Coluche”. Une improvisation totale… Coluche était heureux, fier aussi que tant de personnes, des hommes politiques, des artistes, des sportifs, des présentateurs de toutes les chaînes soient venus le soutenir. Inutile de préciser qu’on a poursuivi la soirée chez lui, rue Gazan. Il avait invité un nombre incalculable de personnes pour fêter la réussite de l’émission. L’essentiel, c’est qu’il avait désormais la certitude que les *Restos* pourraient fonctionner tout l’hiver. Alors, pour bien fêter cette victoire sur la précarité, nous avons commandé du champagne et du foie gras ! ”

Jean-Jacques Goldman

La chanson des *Restos du cœur* porte sa signature. Des paroles, une mélodie, un clip élaborés en quelques jours seulement. Nous sommes en 1985, Jean-Jacques Goldman explose sur les ondes en enchaînant les tubes. Ce qui ne l'empêche pas de répondre à l'appel de Coluche en n'hésitant pas à mobiliser dans son sillage des personnalités comme Catherine Deneuve, Yves Montand, Nathalie Baye, Michel Platini ou encore Michel Drucker. Depuis, avec *Les Enfoirés*, Goldman n'a jamais lâché les *Restos*.

Propos recueillis le 13 septembre 2005.

« *Moi je file un rancard, à ceux qui n'ont plus rien, sans idéologie, discours ou baratin. On vous promettra pas les toujours du grand soir, mais juste pour l'hiver à manger et à boire.* » Cette chanson a été concue, écrite et enregistrée en trois jours. A l'époque, je venais de sortir l'album *Je te donne*. C'était en 1985… Coluche venait de lancer sur *Europe 1* l'idée des *Restos du cœur* et m'avait sollicité. Il m'a approché alors que nous étions, avec Michael Jones, en promotion à *Canal Plus*. Il est venu dans ma loge, avant le début de son émission *Coluche 1 faux*. et m'a simplement dit : « *Voilà, je fais un truc qui s'appelle les* Restos du cœur. *On veut faire un disque et gagner beaucoup d'argent. Comme c'est toi qui fais les disques qui marchent actuellement, c'est toi qui va le faire.* » Sans réfléchir, je lui ai donné mon accord. Mais dans la foulée, j'ai commencé à lui poser des questions. « *Ca parle de quoi ?* ». « *J'en sais rien.* » « *C'est avec qui ?* ». « *J'en sais rien.* » « *C'est pour quand ?* ». « *Oh, ben, tu as une semaine !* ».

En novembre 1989, Véronique Colucci a lancé la première tournée des Enfoirés. Cinq chanteurs y participaient : Véronique Sanson,

Johnny Hallyday, Michel Sardou, Eddy Mitchell et moi. Mais l'année suivante, plus rien ! Quand j'ai demandé pourquoi, on m'a répondu que personne n'avait le temps de s'en occuper. J'ai alors contacté Véronique Colucci pour en discuter. Nous avons réfléchi à un rendez-vous annuel médiatique et donc financier pour les *Restos*. Ainsi, en janvier 1992, *Les Enfoirés* se sont produits à l'*Opéra Garnier*. Puis ça a été la *Grande Halle* de la Villette en 1993, le *Grand Rex* en 1994, l'*Opéra Comique* en 1995, le *Zénith* en 1997. A partir de 1999, nous avons privilégié les tournées dans toute la France.

Coluche était très fort et révolutionnait tout ce qu'il touchait, que ce soit le spectacle, la radio ou la télévision. Et même le cinéma, où il a obtenu un *César*. Il avait une faculté d'entraînement, un charisme naturel. Les gens savaient qu'il apportait avec lui une solution. Aujourd'hui encore, il fédère beaucoup de bonnes volontés. Son empreinte demeure évidente, notamment dès qu'on rentre en contact avec tout ce qui touche les *Restos du cœur*. Spontanément, des liens se nouent. C'est aussi ça qui est particulier avec la tournée des *Enfoirés*. C'est qu'elle rassemble des gens aussi différents que Mimi Mathy, Francis Cabrel, Pierre Palmade ou Josiane Balasko.

Chaque année, la tournée des *Enfoirés* est l'occasion d'un brassage, entre les anciens et les nouveaux qui souhaitent nous rejoindre. C'est là que nous sommes le plus efficace pour les *Restos*. C'est vrai qu'au début, on y a consacré beaucoup d'énergie, mais depuis l'équipe a pris beaucoup d'assurance. Chacun joue son rôle. A présent, le plaisir prédomine. Chaque année, on doit malheureusement refuser certains artistes. Un collectif se réunit et tranche et c'est vrai que parfois cela engendre des problèmes. Certains veulent nous rejoindre, sincèrement, mais ils ne sont pas forcément retenus. Une fois le choix opéré, on prépare la tournée. Plus la date approche, plus on se voit régulièrement. Une fois par mois au début, puis une fois tous les quinze jours, toutes les semaines et enfin quotidiennement ! On propose des chansons, des associations de chanteurs.

Huit jours avant sa mort, Coluche m'avait appelé avant de débarquer chez moi avec une superbe guitare Gretsch. Il l'avait trouvé chez un collectionneur. C'est une guitare américaine qu'utilisaient les pionniers du *rock*. Il me l'a offerte pour me remercier d'avoir écrit la chanson des *Restos du cœur*. On s'était ensuite promené dans les rues de Montrouge, en évoquant notamment l'école primaire que nous avions connu tous les deux, à quelques années de distance. Puis je l'avais raccompagné chez lui. C'était une belle journée... »

Bruno Gillet

Journaliste à *Moto Journal*, Bruno Gillet sillonne les Grands Prix depuis plus de vingt ans. Cette passion pour la moto, il l'a souvent partagée avec Coluche. Ces deux-là se sont rencontrés en 1984, à Paris, sur le tournage de *La Vengeance du Serpent à Plumes*. Ensemble, ils ont essayé quasiment toutes les nouveautés de l'époque. En connaisseurs...

Propos recueillis le 26 juin 2005.

“ Je me trouvais à la rédaction de *Moto Journal* quand j'ai appris la mort de Coluche. Le téléphone a sonné et un journaliste d'*Europe 1* m'a annoncé la nouvelle, en me demandant de me préparer à faire une déclaration dans le flash suivant. Je suis resté sans voix. Je me disais : *« Mais qui c'est ce mec, de quoi il me parle ? »*. Pour moi, c'était inconcevable. L'information n'arrivait pas jusqu'à mes neurones. J'avais vu Coluche peu de temps avant et je m'apprêtais à le rejoindre dans sa maison de Grasse. J'ai commencé à réaliser lorsque toutes les agences de presse parisiennes m'ont appelé pour savoir si je disposais de photos de Coluche à moto. A partir de là, je me suis bloqué. Je n'ai plus répondu à personne. J'ai même pensé, inconsciemment : *« C'est trop grave, il aurait mieux valu que ce soit moi ! »*. Pourtant, Michel n'appartenait pas à ma famille. Mais cela me paraissait tellement incroyable, injuste, irréparable. Pourquoi lui ?

Par la suite, j'ai reçu beaucoup de courriers témoignant de la tristesse et des doutes de nos lecteurs. Coluche gênait-il ? Moi, je sais que la dernière fois que je l'avais rencontré, après la création des *Restos du cœur*, il m'avait dit : *« Là, ils n'ont encore rien vu. En septembre, je m'attaque au chômage. »* Concernant cet accident, on ne saura jamais... Plus tard, j'ai rencontré quelqu'un qui habitait Opio à ce moment-là. Il m'avait dit que l'endroit où avait tourné le camion avait été fermé trois jours avant la mort de Coluche et refermé dès le lendemain. Une fois, Coluche m'avait lui-même dit que certains représentants politiques étaient venus le voir pour lui dire de faire attention, avec un message dans le genre : « *On ne dit pas ça pour nous, mais faites attention aux autres.* » Michel dérangeait. Il possédait un réel pouvoir. Quand il parlait, personne n'osait mettre sa parole en doute. Aucun Français ne pouvait croire que Coluche lui mentait.

Notre première rencontre s'était déroulée par l'intermédiaire d'Erick Courly. Nous étions tous les deux journalistes et suivions les Grands Prix. Lui pour *Moto 1*, moi pour *Moto Journal*. Il avait rencontré Coluche quelques temps auparavant au Salon de la Moto. Ils avaient sympathisé et échangé leurs numéros. Un soir, chez Erick, le téléphone sonna. Il décrocha : « *Allo ? C'est une gonzesse ?* ». Mais il obtint comme réponse : « *Non, c'est Coluche.* » On s'est donné rendez-vous le lendemain, devant un palace parisien, où il tournait une scène de *La vengeance du Serpent à Plumes*. Michel avait serré la main d'Erick et, en voyant mon badge *Moto Journal*, avait lancé : « *Aïe, voilà la concurrence, on ne dit pas de conneries !* ». Je me souviens de cette première rencontre car il nous avait livré quelques vérités bien à lui, comme : « *Comédien, c'est un métier de fainéant, parce qu'on travaille cinq minutes par jour.* » Ou encore : « *Il faut cinq minutes pour faire un mauvais comédien, et il faut vingt ans pour faire un mauvais guitariste.* » On avait discuté quelques minutes, puis il nous avait donné rendez-vous chez lui pour assister à la demi-finale de l'Euro 84 de football qui opposait la France au Portugal. A cette occasion, il avait convié tous les Portugais de sa rue et préparé une immense soirée merguez frites pendant la retransmission du match sur sa télévision grand écran, au sous-sol.

Incontestablement, Coluche nourrissait une vraie passion pour la moto. Pour les voitures américaines des années cinquante aussi. Il en possédait une belle collection, notamment une Cadillac 1960, une Ford Thunderbird 1964, une Chevrolet Bel Air 1955, une Studebaker Black Hawk 1959... Quand un de ses bons copains voulait s'acheter une belle américaine, Michel l'envoyait chez un ami garagiste, non sans avoir arrangé préalablement le coup : *« Je t'envoie un pote, il a pas trop d'argent, donc tu divises le prix par deux et on s'arrange après. »* Il payait la moitié de la facture, heureux que ses amis puissent rouler dans les mêmes voitures que lui.

Coluche a grandi avec le rêve américain, avec Elvis Presley, James Dean et même Johnny Hallyday, dont il était fan. Nous étions d'ailleurs allés ensemble aux Etats-Unis, une fois, à Daytona, pour assister à la Bike Week. C'est l'incontournable semaine de la moto aux USA. Ça a été mémorable... Là-bas, j'adorais par exemple la Chevrolet Corvette et j'étais servi car il y en avait partout. Coluche, lui, n'arrêtait pas de me répéter : *« Mais c'est une voiture de putes... Tiens, regarde, prends celle-là, il y a déjà la pute dedans. »* Souvent, cette semaine là, il m'avait renvoyé dans mes vingt-deux mètres. Mais au moment de partir, il m'avait fait la bise et m'avait offert une broderie Chevrolet Corvette. Elle ne coûtait sans doute qu'un dollar, mais son geste m'avait touché.

Il était tellement passionné de sports mécaniques et particulièrement de moto, qu'il avait inventé le tuning. A l'époque, cela n'existait pas. Lui, adorait personnaliser ses motos. Comme sa Kawasaki 1135 Godier-Genoud, une référence à l'époque, sur laquelle il avait fait monter un moteur compétition. Ainsi équipée, sa moto pouvait atteindre les 260 km/h ! Il possédait aussi une Husqvarana 250, remontée en Street Bike, une Supermotard avant l'heure. Sans oublier sa Harley 1000 Dirt Track, sa Yamaha 1200 V Max dont il fut l'un des premiers acquéreurs en France ou encore sa Honda 1100 VFC, largement remaniée. Michel aimait toutes les motos, sauf les tout-terrains, qui étaient réservées selon lui aux vrais sportifs. En fait, il complexait un peu sur son physique, même s'il m'avait avoué qu'il s'était laissé grossir volontairement, car pour lui *« quand on est gros, on peut dire toutes les saloperies sans passer pour un salaud. »*

Comme nous avions la chance, avec Erick, de disposer des dernières nouveautés avant leur sortie en France, on l'appelait et il nous demandait toujours de passer les lui montrer. A chaque fois, il plantait ses convives pendant plus d'une heure pour nous rejoindre dans la cour de sa maison. C'est vrai qu'il aimait les motos, mais en fait il ne roulait pas beaucoup. Certes, il les utilisait en ville, en vacances ou sur les tournages. Mais simplement parce qu'il aimait en avoir une avec lui, pour évoluer incognito. Son grand truc quand on lui présentait une nouvelle moto, c'était de nous dire : *« Tu viens, on va faire demi-tour à Lyon »*. On partait alors sur l'autoroute A6 et, dès qu'il le pouvait, il faisait une pointe de vitesse à 250 km/h. Mais, ensuite, on s'arrêtait généralement du côté de Fontainebleau pour finir dans un bon restaurant !

Coluche n'était pas une tête brûlée. Si la puissance et l'objet le fascinaient, il ne prenait pas de risque. Il était trop froussard ! A moto, s'il se grisait avec une pointe de vitesse, il ne le faisait uniquement que sur autoroute, sans grand trafic et par beau temps. D'ailleurs, c'est avec prudence qu'il avait essayé, fin 1983, sur le circuit du Castellet, pour *Moto Journal*, la Honda 500 RS de Grand Prix, pilotée habituellement par Raymond Roche. Il avait prudemment bouclé trois tours de circuit, car il ne prétendait pas être pilote de course. Après coup, il avait dit : *« C'est pas tellement la vitesse qui est impressionnante, c'est la vitesse à laquelle ça va jusqu'à cette vitesse. »* Une belle phrase pour définir l'accélération considérable de cette moto. Plus tard, il a pris le guidon de la moto de Grand Prix de Ron Haslam, toujours au Castellet, lors d'un essai privé organisé par *ELF*. Cela faisait partie de ses fantasmes.

Michel possédait une âme généreuse. Comme il disait : *« Avant, je prêtais de l'argent à mes potes, jusqu'au jour où j'ai compris que je leur donnais. C'est pour ça qu'il y a chez moi une boîte pleine de billets, pour que celui qui en a besoin se serve. »* Au restaurant, son grand jeu, c'était de dire au garçon venu prendre la commande : *« Je veux tous les plats ! »*. Embarrassé, le garçon le faisait répéter. Coluche insistait. Bien sûr, cela prenait une place monstre sur la table. Il goûtait à chaque plat et nous demandait de l'aider à les finir. Quand arrivait l'heure de l'addition, c'était impossible de payer. Il lançait : *« C'est pas le tout de gagner un milliard par an. Il faut bien le dépenser ! »*.

Un soir de 1985, avec Erick, nous sommes étions allés dîner chez Michel. Rapidement, il nous avait avoué qu'il avait un service à nous demander. *« Voilà, il y a une tradition dans le cinéma, c'est qu'on offre toujours un cadeau à l'acteur principal avant un tournage. Comme tout le monde sait que j'aime les motos, à chaque fois, on m'en offre une. Mais moi, j'ai toutes les motos dont je rêve. Alors, vous n'allez pas me laisser dans la merde ! De quoi vous avez envie ? »*. Avec Erick, on a pris ça pour une boutade. Mais il était sérieux. Comme il insistait, on a finalement parlé de la Yamaha 500 RDLC. Et quelques jours plus tard, on est allé la récupérer dans un magasin. Il nous avait juste dit : *« Tout ce que je vous demande c'est que si jamais, un soir dans l'année, le réalisateur vient dîner chez moi, vous me la ramenez pour que je puisse lui montrer. »* Et voilà comment on s'est retrouvé avec une 500 RDLC qu'on n'a pas gardée longtemps, d'autant qu'elle ne lui plaisait pas. On l'a finalement remplacée par une FJ1100 avec laquelle je suis tombé peu de temps après, avenue Foch. Une péripétie qui a amusé Coluche pendant de longs mois, avec des blagues du style : *« Tu es tombé sur une capote de Sénégalais ? »*. Après l'accident, j'étais tout de même très embêté. Il avait fallu appeler Yamaha pour leur commander certaines pièces. Ils m'avaient demandé : *« Mais à qui appartient cette moto ? »*. Je leur avais répondu : *« A Coluche. »* Le lendemain, je disposais de toutes les pièces de rechange...

Quand Michel partait sur un tournage, il confiait les clés de la rue Gazan à Erick. Il y dormait et veillait sur la maison. Sinon, on venait souvent dîner, pour le voir, pour discuter. Une fois, il m'avait appelé : *« Je suis avec le Ministre, je suis en train de défendre la cause des motards, dis moi combien il y a de motards en France... »*. Il avait une telle forme d'esprit, un tel sens de la synthèse. Dans tout. Il cherchait toujours à tout comprendre, posait beaucoup de questions, en ayant cette faculté de mettre toutes les idées à plat à partir d'une feuille blanche. Il bouillonnait d'idées. En revanche, il détestait la solitude. Lorsqu'on s'apprêtait à le quitter, à la fin d'une soirée, au milieu de la nuit, il nous demandait souvent de rester dormir chez lui. Peut-être avait-il peur de se retrouver face à lui-même ? C'est aussi pour cela qu'il maniait autant l'autodérision. La malice aussi, comme au tennis de table. Il savait que, dans ce sport, on a tendance à en faire trop, à vouloir accélérer le jeu et écourter les points spectaculairement, en smashant. Lui, renvoyait patiemment la balle et ne commettait pas d'erreurs. Et ça lui permettait de gagner souvent !

Je me rappelle également cette fois où il m'avait invité à son anniversaire. Je n'arrêtais pas de me demander : « *Mais que vais-je acheter à Coluche, lui qui a déjà tout ce qu'il peut désirer ?* ». Ce n'était pas évident… A présent, je peux l'avouer : je lui ai offert la plaque émaillée d'un Commissariat de Police. Celui de Beaugrenelle, dans le 15ème arrondissement de Paris. Nous étions trois : l'un de nous avait faisait le guet pendant que les deux autres s'évertuaient à décrocher la plaque en se faisant la courte échelle. On avait réussi à ne pas se faire piquer ! Coluche avait apprécié ce cadeau… Après sa mort, je suis revenu une dernière fois chez lui et j'ai revu cette plaque posée sur son radiateur.

Outre la moto, la musique nous rassemblait aussi. Coluche n'avait pas le profil du crooner, mais il aimait vraiment cela. Moi, à l'époque, je rêvais de devenir parolier. J'avais déjà écris des textes dans mon coin. Comme je ne voulais pas me servir de lui, je ne lui en avais jamais parlé. Pourtant, un dimanche après-midi, je lui avais fait part de cette passion et du fait que je ne connaissais ni le processus, ni les gens qu'il fallait solliciter. Tout de suite il m'avait répondu : « *Mais viens ma poule. Ce soir, je peux te faire rencontrer Paul Lederman, Johnny Hallyday, Serge Gainsbourg, Michel Polnareff…* ». Il connaissait tellement de monde ! J'étais donc allé chez lui ce soir-là et il m'avait dit : « *Si tu veux chanter ici, tu peux enregistrer.* » Michel avait installé un studio d'enregistrement à domicile. Mais je lui avais simplement répété que je voulais juste écrire des chansons. Il m'avait alors rétorqué : « *Tu sais, je les vois ceux qui sont là, autour de moi, pour se retrouver, à travers moi, sous les projecteurs. Je les vois ceux qui profitent de moi. Je ne suis pas idiot. Mais moi, il n'y a rien qui me plait plus que d'aider les gens à se réaliser eux-mêmes.* » Aider les autres le rendait profondément heureux. Je lui ai montré mes textes, mais il est mort un mois et demi plus tard.

Apercevoir la lumière dans la fêlure de l'âme, voilà ce que je recherche chez les autres. Coluche, c'était ça. Il cachait derrière ses pirouettes une énorme sensibilité. Bien sûr, parfois, il pouvait aussi être dur et n'hésitait pas à dire à quelqu'un ce qu'il pensait de lui. Mais quand il vous avait adopté, il devenait un vrai ami. »

Valérie Mairesse

Coluche rêvait de tourner avec elle. Aussi, à maintes reprises, il a proposé des rôles à cette jeune comédienne rigolote, issue de la troupe du *Splendid*. C'est en 1983, avec *Banzaï*, que Valérie Mairesse a enfin donné la réplique à Coluche. Un homme qu'elle appréciait profondément.

Propos recueillis le 30 août 2005.

« Avec Michel, c'était l'orgasme assuré ! Artistiquement, bien entendu. Qu'il doit être difficile aujourd'hui pour les comiques de passer après un tel phénomène. Certes, il existe des enfants de Coluche, mais je pense sincèrement que rien n'est aussi fort, aussi puissant, que ce qu'il a montré sur scène. Heureusement, il reste les *Guignols de l'info*, les héritiers d'un certain esprit critique. Ce jour de juin 1986, je marchais dans les rues de Paris, quand j'ai appris la nouvelle de son décès. C'était si brutal. J'ai eu du mal à y croire.

Pour résumer notre relation, je dirais que Coluche appréciait mon travail. Sans doute aussi me trouvait-il drôle. Nous avions fait connaissance en 1974. A l'époque, j'étais au *Splendid*. Il aimait bien notre troupe et nous considérait un peu comme ses petits frères. Nous débutions et je me souviens que Michel nous avait même prêté de l'argent pour construire le *Splendid*. Pas grand-chose. Peut-être 500 francs. Mais cette somme nous avait permis d'acheter du plâtre.

Michel me faisait beaucoup rire. Comme beaucoup de gens, j'étais très cliente de son humour. C'est certainement le comique qui m'a fait le plus rire avec notamment des sketchs inoubliables comme *C'est l'histoire d'un mec*. Là, il était au sommet de son art sur scène. Ensuite, j'avoue que je l'ai moins aimé sur *Canal Plus* au milieu des années quatre-vingt. Ce qu'il faisait à la télévision me touchait moins, ce n'était plus tout à fait lui. Son entourage d'alors ne m'inspirait guère.

Coluche m'aimait beaucoup. Déjà, en toute honnêteté, il ne me trouvait pas désagréable. Il disait : « *Tu es aussi belle à l'extérieur qu'à l'intérieur.* » Et puis, comme je vous l'ai dit, je le faisais rire. Plusieurs fois, il m'a donc proposé des rôles que je ne pouvais pas accepter pour de multiples raisons. La plupart du temps, en fait, j'étais déjà engagée dans des premiers films. Alors, il se foutait de ma gueule et disait : « *Va donc jouer dans tes films. Ils ne seront vus par personne !* ». Mais il a insisté. Et il y a eu certaines occasions manquées, comme ce rôle qu'il m'avait proposé dans son premier film *Vous n'aurez pas l'Alsace et la Lorraine*. Mais même devenu célèbre, Michel a insisté et encore essayé de me faire tourner à ses côtés. Je me souviens d'une tentative auprès de Claude Zidi pour le film *L'aile ou la cuisse*, dans lequel il partageait l'affiche avec Louis de Funès. Zidi ne m'avait pas retenue. Par la suite, Coluche avait souhaité que je fasse Cléopâtre dans *Deux heures moins le quart avant Jésus-Christ*, le film de Jean Yanne. Mais là encore, ça n'avait pas pu se réaliser. Pour l'anecdote, il faut savoir que j'ai tout de même fait une petite participation, une scène dans les catacombes. Enfin, avec *Banzaï,* en 1983, cette volonté s'est concrétisée.

Le tournage de ce film fut un vrai plaisir. Il y régnait une ambiance joyeuse, festive. Evidemment, Michel y contribuait largement. Il me reste aussi de *Banzaï* un joli souvenir. Celui d'une journée très touchante où toute l'équipe avait pris la direction de Macau, la ville des casinos et du jeu. Il faut dire que Claude Zidi était passionné par cette activité. Moi, le monde du jeu ne m'intéressait pas du tout, ni Macau d'ailleurs. La ville m'avait déçu. C'était même sordide, contrairement à ce que j'avais pu voir dans un magnifique film des années cinquante. Je crois que Michel non plus n'avait pas apprécié le lieu. Du coup, on a décidé de quitter le groupe et on s'est retrouvé avant les autres sur le même bateau pour rejoindre notre hôtel à Hong-Kong. Là, durant la traversée, j'ai pu découvrir l'homme. Ce moment, je le conserve dans mon cœur comme une pépite. On avait pu parler de tout, sans public, intimement. Ce jour-là, Michel était vraiment sincère. Il ne faisait pas le mariole. Ça a été un moment inoubliable pour moi.

Cet homme, je l'ai énormément aimé, en tout bien tout honneur. Mais je préférais le voir seul. Au maquillage par exemple, où nous parlions beaucoup avant de tourner. Je ne supportais pas la cour qui gravitait autour de lui et tous ces cons qui venaient profiter de sa générosité. Comme dans ces soirées, rue Gazan : elles ne m'ont jamais intéressé. J'allais chez lui de temps en temps quand j'étais sûre qu'il n'y avait personne d'autre. Une seule fois, je me suis retrouvée dans une de ces fêtes et, sincèrement, ça a été tout le contraire de ce que je recherchais chez Michel. De lui, ce n'était pas cela que je connaissais. Avec Coluche, je peux dire que notre relation était sincère. Il y avait du respect humain et artistique. Un des grands regrets de ma vie, c'est de ne pas avoir pu faire *Ginette Lacaze* qu'il a repris à l'*Elysée Montmartre* en octobre 1976 avec une partie des membres du *Splendid*. Il m'avait proposé le rôle que Myriam Mézières a finalement joué car je n'étais pas libre. On a eu malgré tout l'occasion de se retrouver un soir sur scène au *Splendid*, rue des Lombards, dans *Benny's bar*, une pièce montée par Josiane Balasko. Il n'y avait joué qu'une seule fois pour remplacer au pied levé Bruno Moineau, qui ne tenait qu'un petit rôle à la fin du spectacle.

Bien des années ont passé et, pourtant, tout ce qu'a fait Michel me manque. Qu'il est dur de se passer de lui. J'ai du mal à évoquer les gens que j'aime. Souvent, sur les tournages, je repense à ce qu'il me disait : *« Surtout, même en gros plan, bouge ton cul ! »*. Il faut croire qu'il était à son goût. Ceci dit, j'essaie de le faire de moins en moins car je ne tiens pas à être ridicule. »

Romain Goupil

Assistant opérateur au début des années soixante-dix, Romain Goupil fut embauché par Coluche sur le tournage de son unique film, *Vous n'aurez pas l'Alsace et la Lorraine*. L'artiste voulait rencontrer cet homme qui fut à l'origine des événements de mai 1968. Un homme qui allait convaincre Coluche de présenter sa candidature à la Présidentielle de 1981.

Propos recueillis le 17 février 2005.

« Coluche avait entendu parler de moi au cours des événements de mai 1968. A l'époque, le fait que je sois renvoyé du lycée Condorcet pour activité politique avait donné lieu à la première manifestation des Comités d'action lycéen de Maurice Najman. Cela avait aussi participé au développement du mouvement lycéen à Paris et en province, puis au mouvement d'extrême gauche et au mouvement ouvrier. J'étais dans la même organisation que Michel Recanati, aux côtés de Najman, de Sauvageot et de Cohn-Bendit. Plus tard, Michel m'a avoué qu'il vouait une grande admiration à Daniel Cohn-Bendit, m'avait même demandé à plusieurs reprises d'organiser une rencontre entre eux. Elle n'a jamais eu lieu car Danny ne le souhaitait pas. Il trouvait Coluche trop machiste. Il faut dire qu'avec les Verts en Allemagne, Cohn-Bendit était largement en avance par rapport à la France au niveau des droits de la femme.

Notre première rencontre avec Michel s'est déroulée sur son film *Vous n'aurez pas l'Alsace et La Lorraine*. Il avait fait appel à moi durant la seconde partie du tournage, comme assistant opérateur. Comme il s'agissait de son premier film, le climat était très ludique, enfantin, joyeux. A tel point que tous les repas dégénéraient en batailles d'eau, de pain, de plats... Le seul problème, c'est que les acteurs tournaient un film en costume ! Mécontent, le producteur a estimé que j'accentuais ce désordre et m'a demandé de manger séparément. Ça a tenu une journée... et c'est reparti de plus belle ! Après ce film, j'ai eu d'autres engagements, notamment comme assistant de Jean-Luc Godard pour le film *Sauve qui peut*. Par la suite, Godard m'avait également confié qu'il travaillait sur un scénario, *Les Animaux*. Dans ce film, un témoin assistait à la révolution et à la prise de pouvoir des socialistes, puis celle des femmes, puis des enfants, avant qu'ils ne s'allient tous pour éviter celle des animaux. Il m'avait demandé à qui je confierai le rôle du témoin. Je n'en voyais qu'un, mal employé jusqu'alors dans des comédies, malgré une incroyable présence : Coluche !

Durant cette période, Michel envisageait de faire ses adieux au music-hall. Il était en contact avec Jean-Pierre Mocky, Claude Berri et d'autres réalisateurs encore pour devenir acteur. Il adorait les films de Jean-Luc Godard. J'ai donc organisé une rencontre mémorable entre eux, rue Gazan. Mémorable, car au bout de deux heures de discussions, Jean-Luc a demandé où se trouvaient les toilettes et il n'en est jamais revenu ! Il avait juste laissé un petit mot : *« Y a pas de lézard. »* C'était un clin d'œil à Coluche qui, tout au long de la conversation, n'avait cessé de dire : *« Y a pas de lézard. »* Mais, finalement, la société Gaumont a refusé le film...

Ce même jour, tandis qu'on attendait le retour de Godard, Paul Lederman me confia qu'en marge de la tournée de spectacles qu'allait entreprendre Coluche, il avait parallèlement en projet une émission sur la radio *RMC*. A l'image de ce qu'il avait déjà fait pour *Europe 1* en 1978. Lederman m'a proposé de devenir l'assistant de Michel. Mon rôle consistait entre autre à préparer une revue de presse et des jeux. Ayant envie de travailler avec lui, j'ai accepté. La tournée a débuté, mais au bout de trois émissions, un mercredi, la direction de *RMC* a décidé d'y mettre un terme. Comme ils ne voulaient pas de scandale à l'antenne, on ne l'a su que le vendredi. Officiellement, le ton leur avait déplu. Pourtant, la seule consigne était de ne pas égratigner la famille princière, ce que nous avions respecté. On avait eu suffisamment de matière avec Giscard d'Estaing et l'affaire des diamants de Bokassa. Mais notre humour a visiblement déplu à

Michel Bassi, le directeur de *RMC* à l'époque, l'ancien chef de cabinet de Giscard. Quand Michel m'a demandé ce que j'en pensais, je lui ai dit que c'était de la pure censure. J'ai ajouté qu'il n'existait qu'une seule manière de dire ce qu'on voulait, c'était de se porter candidat à l'élection présidentielle ! Il m'a aussitôt répondu que c'était hors de question et ce pour plusieurs raisons, notamment son casier judiciaire. Je lui ai alors dit que de toute façon, comme j'étais payé à rien faire par *RMC* pendant trois mois, j'étais à sa disposition. Il m'a finalement répondu : *« D'accord. On va s'occuper de cette histoire de Présidence, mais on va aussi écrire un scénario ensemble. »*

Tout en travaillant sur ce scénario, comme il me l'avait demandé, je me suis renseigné et j'ai appris que la loi électorale avait changé. Avec, par exemple, l'obligation d'obtenir cinq cents signatures d'élus. Comme dans un premier temps Paul Lederman ne souhaitait pas que Coluche se lance dans cette histoire, on n'a pas insisté. On s'est concentré sur l'écriture du scénario tout en tenant une rubrique intitulée *Le journal des cons et des malentendants*, dans les colonnes de *Charlie Hebdo*. Il s'agissait de séances photos délirantes et d'une revue de presse. Je lui fournissais les éléments et lui improvisait. Un jour, Paul Lederman est revenu vers nous en disant : *« Pour la candidature, je suis d'accord, mais à ma manière ! »*. En fait, il pensait que cela pourrait être un énorme coup de pub pour le prochain spectacle de Coluche. A partir de ce moment-là, en octobre 1980, Coluche est donc devenu officiellement candidat à la candidature présidentielle, en sachant pertinemment, en ce qui me concerne, qu'on n'irait pas jusqu'au vote.

Le message de Michel, délirant, avait pour but de donner la parole aux sans voix. Mais on n'imaginait pas l'ampleur que cela allait prendre. Ça a été un incroyable engouement. Certains sondages l'ont même crédité de 10 à 12 % d'intentions de vote. Des journaux l'ont mis en couverture, comme le *Journal du Dimanche* ou *Le Matin de Paris*. Ainsi, il s'est retrouvé au centre d'un jeu extrêmement politicien. En fonction de ce qu'il disait, ou surtout de ce qu'il ne disait pas, il pouvait faire basculer l'élection. J'ai suivi Michel jusqu'à ce qu'il se lance dans sa propagande du *« tous pourris. »*

Là, selon moi, il déviait vers le poujadisme, le populisme. On s'est fâché et on s'est quitté. Tout cela aurait dû rester un sketch mais, pour une fois, il n'a pas su trouver la chute. Il n'a pas su faire son travail de clown et conclure cette blague. Finalement, il a terminé sa campagne par cette fausse grève de la faim.

Aujourd'hui, on se souvient de cette histoire comme d'une intervention non conventionnelle dans la vie politique. On conserve la saveur de son message. Mais on oublie son changement de discours et les dérives finales. Dérives qui ont provoqué des censures, car son discours devenait politique alors qu'à la base, il n'était pas question de transformer Coluche en politicien. C'est dommage, car on avait tous joué le jeu, y compris *Charlie Hebdo*, notre support de presse officiel. D'autant qu'on n'avait recueilli qu'une seule signature sur cinq cents ! On savait donc tous qu'on n'aurait jamais pu se présenter. On baratinait tout le monde. Et ça a dérapé. Après trente ans de gouvernement de droite, Coluche a voulu devenir l'interprète de la génération du baby-boom et de celle des soixante-huitards, susceptibles par leur vote de faire basculer l'élection présidentielle de 1981.

Pour moi, la candidature de Coluche était juste un moyen de se moquer de la sclérose du paysage politique français. Avec l'éviction de Rocard à gauche, on s'apprêtait à retrouver face à face les deux candidats de 1974 : Giscard et Mitterrand. Sauf que Mitterand était plus malin que Giscard. Le Président sortant a pris Coluche de haut, alors que le candidat socialiste a tenté de le séduire et de l'approcher notamment par le biais de Jacques Attali. Moi, j'ai toujours refusé de les rencontrer, estimant qu'ils n'avaient aucun rapport avec notre appel à tous les cons, les fainéants, les drogués, les homosexuels, les immigrés... Il fallait rester sur notre ligne et faire qu'ensuite les gens votent à gauche, mais surtout ne pas engager de tractations avec la gauche, ni entrer dans le jeu politicien. Mais ça les a amusé et ils se sont fait manipuler, instrumentaliser. L'histoire s'est mal finie et il en est resté des inimitiés. Durant cette campagne, la presse et la police avaient beaucoup évoqué la mort de René Gorlin, le régisseur de Coluche, pour faire naître une psychose. Après cet assassinat, la police a volontairement laissé planer le doute. A tout hasard, si cela pouvait nous faire peur… Mais nous avions vite compris que cet assassinat n'était pas une mesure d'intimidation. S'il y avait eu des menaces de la part de l'état ou d'un service parallèle, elles auraient visé directement Coluche, Maurice Najman ou moi. Bien sûr, nous savions qu'il y avait des écoutes téléphoniques, mais il n'y avait aucun intérêt à tuer ce régisseur. Pourtant, les médias se sont emparés de l'affaire, en titrant *« Coluche se présente et, déjà, on assassine ses proches. »* C'était ridicule, mais cela faisait vendre du papier.

Pendant cette période, Coluche ne buvait pas ou juste, avec modération, des vins d'excellente qualité. Rien à voir avec les beuveries des bouclages de *Charlie Hebdo*. Quant à la drogue, elle se limitait à des joints fumés chez lui dans des soirées. Il s'agissait surtout d'une tradition conviviale ! Personnellement, ça ne me concernait pas car je ne fumais pas, mais ça ne me dérangeait pas non plus. Ça permettait surtout à ceux qui nous rejoignaient en cours de soirée d'être plus à l'aise pour discuter jusqu'à trois ou quatre heures du matin. A cette époque, la rue Gazan s'apparentait à un immense café, plutôt oriental, avec des pouffes, des coussins. On discutait autour de joints comme d'autres le font autour de narguilés. Les copains arrivaient après leur représentation pour finir la soirée chez Michel. C'était une ambiance sympathique, sans rapport avec les dérives qui ont suivi et auxquelles je n'ai pas assisté.

Pendant deux ou trois ans, on s'est perdu de vue. Puis un jour, nous avons repris contact, on a recommencé à parler politique, à nous amuser et à envisager de nouveaux projets. Je lui ai montré le scénario que j'avais préparé à l'époque de *RMC* et qu'il n'avait jamais lu ! On est également parti en voyage en Guadeloupe. Enfin, Claude Berri m'a demandé de profiter du tournage du *Fou de guerre* pour réaliser un documentaire sur Coluche, avec la complicité de Serge Toubiana, le rédacteur en chef des *Cahiers du Cinéma*. Malheureusement, tout le monde est tombé malade et on n'a pas pu le rejoindre en Egypte.

Je me trouvais à Paris lorsque j'ai appris la nouvelle de sa mort à la radio. Quel choc ! J'étais sidéré, abattu. Surtout par la façon dont cela s'était produit. Normalement, il y avait beaucoup plus de chances pour que Coluche tombe, glisse et se relève. Ça m'était arrivé aussi. Là, c'était le destin, une connerie qui m'a laissé sans voix. Je ne pouvais pas m'empêcher de penser à toutes nos histoires passées et à toutes celles qu'on aurait pu avoir ensemble... On a perdu quelqu'un de très précieux qui possédait un humour brillant, un sens de la répartie, une violence, une virulence et une acidité envers les politiques. Il a vraiment manqué durant les années qui ont suivi pour épingler le comportement de François Mitterrand et des gouvernements successifs. Si je n'ai pas choisi de participer aux *Restos du cœur*, c'est que pour moi, il ne doit pas y avoir de pitié, mais de la justice. Ce n'est pas à nous de faire de la charité, c'est à l'état. Tout en sachant, bien sûr, que l'état, c'est nous ! »

Philippe Bruneau

Existe-t-il moustache plus célèbre à la télévision ? Dans les années quatre-vingts, Philippe Bruneau la porta fièrement chaque soir, comme complice de Stéphane Collaro. L'aventure dura plus de huit cents épisodes, du *Collaro Show*, à *Cocoboy* en passant par *Cocoricocoboy*. Avant cela, ce comédien créa avec Coluche le *Vrai Chic parisien*.

Propos recueillis le 16 février 2005.

« Avant le *Vrai Chic parisien*, je me trouvais en exil à Londres. Cela faisait plusieurs semaines que j'y avais posé mes valises pour jouer avec Alfredo Arias, membre du groupe argentin *Tsé*. Soudain, un soir, j'ai vu débarquer Coluche sur sa moto. Il avait parcouru les cinq cents kilomètres depuis Paris, en prenant le ferry, uniquement pour me rencontrer ! Ce périple avait pour but de me convaincre de rentrer avec lui. *« Je vais monter une troupe, est-ce que tu veux en faire partie ? Pour l'instant, y a encore personne »* m'avait-il avoué. Lassé de travailler avec des Argentins, j'avais immédiatement accepté et nous étions donc rentré à Paris pour créer le *Vrai Chic parisien*. Tous nos amis ont été sollicités pour se lancer dans cette aventure. Rapidement, on s'est retrouvé à une dizaine, avec notamment Patrice Minet, Xavier Thibault, Claire Nadeau ou encore Véronique Kantor, future Madame Colucci.

Notre première pièce s'appellait *Thérèse est triste*. Je l'avais écrite avec Michel et avec Xavier Thibault. L'idée était de faire du théâtre music-hall, avec des paillettes, des perruques de toutes les couleurs et des jupes affriolantes. Coluche aimait le côté Savary et son *Magic Circus*, qui était un mélange de sketchs et de comédie. Il voulait aussi des scènes plus osées, avec des filles exhibant leurs seins sur scène. Lui-même parfois montrait ses fesses. A nos yeux, il n'y avait rien de provoquant. C'était simplement un divertissement. Le spectacle a d'abord pris quotidiennement ses quartiers à l'*Alliance française*, avant de muter sous l'*Olympia*. C'est précisément à ce moment-là que Paul Lederman a pris les choses en main. Sans moi, car j'ai à nouveau pris du recul. Je me suis exilé, en Amérique du Sud cette fois, pendant six mois, avec Claire Nadeau ma compagne de l'époque. Pour me remplacer, Coluche a fait appel à Roland Giraud dans sa nouvelle pièce, *Ginette Lacaze 1960*. C'était un *Roméo et Juliette* chez les loubards, qu'ils ont même fini par jouer à l'*Olympia*, en première partie de Dick Rivers.

A mon retour en France, j'ai repris contact avec Coluche et on a monté une autre pièce ensemble intitulée *Introduction à l'esthétique*. Ça n'avait absolument rien à voir avec le traité philosophique de Kant ! C'était une pièce totalement folle, quasiment une trame, un embryon de son futur *one man show*. L'histoire se déroulait dans une prison, pendant un réveillon de la Saint-Sylvestre. Derrière les barreaux, des détenus fêtaient dignement le passage à la nouvelle année, en mangeant et buvant allègrement. Le jeu de scène se résumait à un repas. Mais, attention, un vrai repas ! Ainsi, Bouboule, l'ami d'enfance de Coluche, faisait les courses et préparait la cuisine avec Coco, la sœur de Miou-Miou. Nous, on entrait en scène, on prenait l'apéritif derrière nos barreaux, puis on mangeait pendant tout le spectacle ! Nos personnages, habillés très chic, en redingote, smoking, et même en queue de pie concernant Coluche, disposaient d'un régime de faveur et l'histoire s'achevait en psychodrame. On a joué cette pièce pendant un mois et demi. Cela marchait plutôt bien, mais comme tout l'argent passait dans la nourriture, on s'est insurgé. Certes, on mangeait bien, mais on voulait aussi gagner notre vie. Avec son côté très tyrannique, Michel nous avait dit : *« Y a pas d'argent, à moins qu'on mange de la merde »*. On a aussitôt arrêté la pièce…

La troupe a éclaté et Coluche s'est retrouvé seul. Nous étions alors en 1974 et ça a été le tournant médiatique de sa carrière. Cette année-là, Michel a été invité dans l'émission de Guy Lux. Il a joué son sketch *C'est l'histoire d'un mec* et a fait un tabac. Dans la foulée, il a débuté ses *one man shows* avec Paul Lederman aux manettes. L'évidence sautait aux yeux : Michel était fait pour cela. Son caractère, parfois autoritaire et capricieux, ne lui valait que des ennuis avec les autres comédiens. Là, au moins, il ne se fâchait avec personne ! De toute manière, on savait bien qu'il n'aspirait qu'à faire cavalier seul, à jouer ses propres sketchs au music-hall. C'était normal, avec un tel talent.

Coluche cultivait une théorie, pas fausse d'ailleurs. Il disait : « *Si quelque chose de marrant ne sert pas aux autres, autant l'utiliser soi-même.* » Il reprenait souvent à son compte des blagues ou des histoires. Dans son film *Vous n'aurez pas l'Alsace et la Lorraine*, il avait plagié, par exemple, une scène avec Louis XIII, écrite par Martin Lamotte et moi-même. On ne lui en avait pas tenu rigueur car il nous avait proposé de jouer dans ce film. De tout façon, tous les artistes copient ou s'inspirent un jour de leurs concurrents. En toute quiétude, Coluche enregistrait les blagues qu'on improvisait à table. Avec son dictaphone, qu'il ne quittait jamais, rien ne lui échappait. Je pense même qu'il devait dormir avec ! Il enregistrait deux ou trois mots puis, ensuite, les arrangeaient à sa façon. Il avait une forme d'esprit, un sens exceptionnel de la répartie. Il était évident qu'il ferait une grande carrière. Tout comme Gérard Lanvin. A l'époque, quand il se produisait avec nous sur scène, au *Vrai Chic parisien*, Gérard était déjà formidable. Lui aussi possédait un don.

Après l'épisode du *Vrai Chic parisien*, Coluche et moi avons traversé un léger froid. Une crispation sans conséquence. Nous avons rapidement fait la paix et je me suis rendu de nombreuses fois rue Gazan. Comment oublier ces parties de poker mémorables avec Eddy Mitchell et Pierre Bénichou, qui duraient jusqu'à l'aube... Il y avait aussi les dîners du dimanche soirs et ces fameux réveillons où il réunissait ses copains du café-théâtre. A chaque fois, on se retrouvait à vingt à table. Coluche aimait recevoir, trop sans doute. Pour le plus grand regret de Véronique, sa femme, qui ne parvenait que trop rarement à passer une soirée seule avec lui. Pour ses amis, en revanche, il restait toujours disponible.

Coluche pouvait se révéler détestable dans le travail, mais adorable dans la vie. Il était très généreux. Un jour, il m'avait offert une petite Fiat 500. Il adorait les voitures et il m'avait dit : *« Tiens, prends celle-là, je te la donne. »* Je l'ai ramenée chez moi, mais ensuite elle n'a jamais plus redémarré ! Une autre fois, il nous avait invité avec Claire Nadeau à passer trois semaines en Guadeloupe. Il payait tout. Les billets d'avions, les hôtels, les restaurants... Il ne supportait pas qu'on puisse lui offrir le moindre repas. Là encore, c'était un dictateur. Quand il décidait qu'on devait aller à tel endroit, il fallait le suivre et obéir. Comme sur cette île où nous avions voulu nous baigner sur une magnifique plage et où il nous avait rétorqué : *« Non, pas là »*. Dépités, on avait poursuivi notre chemin, en acceptant son autorité. Autre exemple : le matin, il frappait à la porte du bungalow à 6h00 pour nous réveiller. Il ne voulait pas se baigner seul.

Ce comportement extrême, Michel l'a toujours eu. Y compris dans la drogue. Mais là, ça l'a transformé. Il semblait plus apathique. Loin de ses fréquentes crises de colères, accentuées par la consommation d'alcool. Dans ces moments-là, il se trouvait toujours un souffre douleur. A l'époque du *Vrai Chic parisien*, Jacques Delaporte faisait les frais de ses envolées verbales. Extrême, Michel l'était également avec la nourriture. Maigre à ses débuts, il assurait que pour devenir comique il fallait être gros, que les rondeurs faisaient rire davantage le public. En conséquence, il mangeait énormément, enchaînant souvent deux menus au restaurant. Lorsqu'on dînait avec lui, on prenait notre repas ensemble puis, à la fin, il entamait le second. Mais comme il mangeait très rapidement, on attendait jamais longtemps.

Je me trouvais en compagnie de Luis Rego et de Gérard Jugnot quand j'ai appris sa mort. Nous étions en vacances en Corse. On faisait nos courses dans un supermarché. En passant devant le rayon boucherie, à quatre heures de l'après-midi, on a entendu le flash à la radio qui disait : *« Coluche vient de se tuer sur la route à moto. »* On est resté tous les trois complètement blêmes. Maudite Corse... C'est là-bas que j'avais également appris la mort de Patrick Deweare quelques années auparavant... »

Jean Rochefort

Quand cet éléphant du cinéma français évoque Coluche, il ne trompe personne. Jean Rochefort, acteur populaire au flegme britannique, aussi à l'aise dans les registres comiques que dramatiques, n'était pas un intime de Coluche. Plutôt un ami qui ne lui voulait que du bien.

Propos recueillis le 5 septembre 2005.

« Cela paraîtra peut-être étrange. Dans cette voiture qui m'emmenait je ne sais où ce jour de juin 1986, quand la radio a soudainement annoncé la mort de Coluche, je me souviens n'avoir manifesté aucune surprise. Je n'aime pas parler de pressentiment, mais il m'a semblé que c'était la suite logique de ce regard triste que j'avais croisé deux semaines auparavant.

C'était précisément à Cannes, pendant le Festival du film, dans un palace quelconque de la côte d'azur. Michel, alors séparé de sa femme, était entouré de personnes qui ne m'inspiraient guère. Je me trouvais là avec mon épouse quand il nous a aperçu. Aussitôt, il nous a proposé d'aller boire un verre au bar de l'hôtel. Il semblait particulièrement enchanté de ces retrouvailles. Alors que nous bavardions, une chose m'avait marqué : il avait énormément insisté pour que nous venions dîner dans la maison qu'il louait sur les hauteurs de Cannes. A plusieurs reprises, j'avais refusé son invitation en prétextant n'importe quoi, car je ne me voyais pas passer la soirée avec son entourage. Je voulais être tranquille. Cette insistance, selon moi, cachait une autre réalité. Pour être tout à fait sincère, je l'avais trouvé triste, grave, changé. Son ton, son visage, manifestement il ne semblait pas au mieux. Je n'étais pas un intime, seulement un ami, mais ce sentiment ne m'avait pas échappé. Au bout d'un moment, nous avons donc pris congé sur un énième refus de ma part et lorsque je suis monté dans notre voiture, j'ai dit à ma femme : *« Il ne va vraiment pas bien. »* Quinze jours après cette rencontre, il a eu cet accident de moto. J'ai longtemps culpabilisé de ne pas être aller dîner avec son groupe...

Je ne me souviens pas précisément de ma première rencontre avec Coluche. Peut-être nous sommes nous croisés avant de travailler ensemble sur le premier film de Patrice Leconte, sorti en janvier 1976, *Les vécés étaient fermés de l'intérieur*. Ce qui est sûr, c'est que je suis allé le voir sur scène à deux reprises avant ce tournage. Il m'avait évidemment impressionné. Avec Coluche, nous devions jouer les deux rôles principaux de ce film, a priori deux personnages très éloignés l'un de l'autre, à tous points de vue. Même physiquement, nous étions aux extrêmes, lui avec son visage rond, moi avec un faciès longiligne. Michel interprétait le rôle de l'adjoint du commissaire de police que j'incarnais. Nous étions chargés de résoudre l'énigme de l'assassinat d'un poinçonneur de bus à plate-forme, retrouvé mort dans les toilettes ! J'en conviens, un scénario quelque peu loufoque... De fait, le tournage s'est parfaitement déroulé et nous avons immédiatement noué des rapports d'amitié. Certaines personnes à l'époque avaient pourtant prédit que cela ne collerait pas, que nous n'étions pas faits pour nous entendre. Finalement, ils ont eu tort. Je conserve au contraire un fort joli souvenir de cette expérience. J'avais l'impression d'avoir découvert un homme intéressant à tous points de vue, attachant aussi. Pour l'anecdote, il faut savoir que Coluche m'avait surnommé *"chonchon"*. Je trouvais cela charmant. J'ai encore chez moi une photographie de lui en noir et blanc, assis sur mes genoux, à l'occasion de la promotion du film.

A cette époque, Coluche était déjà un phénomène social. Il avait inventé, imposé un nouveau style dans la liberté de ton, d'expression. Ses propos, directs, truculents, ont marqué à jamais le public. Son bon sens, prodigieusement agressif, lui a permis d'être unique en son genre. Et c'est toujours le cas. Rien ne l'arrêtait, tout l'intéressait. Il écoutait, captait les tendances, sentait bouger les choses. Rien d'étonnant, dès lors, qu'il ait voulu aller plus loin.

Jusqu'à son engagement en politique à la fin de l'année 1980. Là, ce fut une grande leçon. Ce qui m'apparaissait au début comme une blague, un acte de non sens, est devenu peu à peu quelque chose de plausible. Cela prouve bien que nos politiciens nous connaissaient mal et c'est d'ailleurs toujours le cas. Coluche, lui, sentait parfaitement l'opinion. Les chiffres atteints dans les sondages à un certain moment traduisaient bien cette osmose avec les gens, ce besoin d'un nouveau souffle. J'avoue, pour ma part, avoir eu un moment d'espoir. Je trouvais magnifique l'idée que ce clown puisse prendre la tête d'une république, avec autour de lui de brillantes personnalités pour l'aider à gouverner. Je reste persuadé qu'il aurait su parler aux gens, les aider aussi. J'en veux pour preuve les *Restos du cœur*, qu'il a créés et qui perdurent. Récemment, je me suis rendu dans une succursale des *Restos* d'une petite ville de province et j'ai été frappé de voir son portrait partout, au milieu des paquets de pâtes, des poireaux, des boîtes de conserve, distribués aux gens venus chercher de quoi se nourrir. Quel plus bel héritage pouvait-il laisser ?

Je suis heureux que la famille du cinéma lui ait rendu hommage en 1984, en lui décernant un César pour *Tchao Pantin*. Il s'agissait d'un très beau film, d'un grand rôle, qui a fait ressortir le génie d'acteur de Coluche. Comme tous les grands comiques, il était à son aise pour incarner des personnages désespérés. Les meilleurs rôles sont ceux qu'on ne joue pas. Je crois que dans ce film, c'était son cas.

Cette authenticité, je l'ai aussi perçu plus directement encore. Après le film de Patrice Leconte, il est venu plusieurs fois chez moi, dans les Yvelines. C'est là que je vis, à la campagne, où j'élève des chevaux. Depuis toujours, je nourris cette passion. A ma grande surprise, il s'est passé quelque chose de rare avec Coluche. Contrairement à la plupart de mes amis et collègues venus chez moi, il est resté à chaque fois plusieurs heures dans les écuries, s'informant de tout ce qui avait attrait aux chevaux : l'orge, l'avoine, la paille. Comment faisait-on ceci ? Cela ? Rien ne lui échappait. Il voulait tout comprendre. Il était incroyablement curieux de cet environnement qu'il méconnaissait. A ce moment-là, j'ai pensé que le génie, c'était aussi ça : l'intérêt que les personnes portent aux choses et le pouvoir de les restituer au mieux. Une curiosité instinctive et sincère, au service des autres.

Chaque être est unique, donc irremplaçable. Coluche fut incontestablement un homme important de la fin du vingtième siècle. Comme tous les génies, il a posé la première marche d'un escalier et d'autres ont naturellement emboîté son pas. C'est le propre de l'espèce humaine : elle avance. »

Mike Pochna

Partagé entre deux pays, deux cultures, depuis la fin de son adolescence, l'Américain Mike Pochna vit aujourd'hui encore entre New York et la Provence. Ancien dirigeant d'une société de production de films publicitaires, il fit la connaissance de Coluche à ses tout débuts. Subjugué par son talent et son charisme, il crut immédiatement en lui. Et lui fit tourner sa première pub, pour une lessive...

Propos recueillis le 3 mars 2005.

« Je ne suis pas un francophile, dans le sens où je reste un Américain extrêmement patriotique et fervent. Mais j'aime la France, pays saugrenu, beaucoup plus amusant que les gens ne le pensent. On y rit autant en lisant *Le Figaro* que *Le Canard Enchaîné* ! La réalité y est aussi forte que la fiction. En tout cas, c'est une société où on peut s'exprimer si on ose. Et Coluche osait parler. Même sur des sujets aussi délicats que le racisme, il savait nous faire rire de nos défauts. En cela, il était à part. Et c'est pourquoi il faut vraiment entretenir son souvenir.

Entre nous, tout a commencé à la fin des années soixante. Je venais de m'associer dans une affaire publicitaire, baptisée *LNP*. Le P, c'était moi ! Un jour, Michel est passé au bureau, accompagné de quatre ou cinq personnes. Il y avait là Patrick Dewaere, Miou-Miou, et peut-être aussi sa future femme Véronique. Je n'avais jamais entendu parler de lui auparavant. Il faut dire qu'à ce moment-là, il faisait surtout la manche et venait de monter le *Café de la Gare* avec Romain Bouteille. Entre eux, existait à mon sens une certaine concurrence et peu de sympathie. En tout cas, Coluche était venu nous voir car il voulait profiter d'un changement de statut de l'*ORTF*, l'Organisme des Radios et Télévisions

Françaises. Désormais, la télé avait la possibilité de diffuser des films publicitaires, réservés jusqu'alors au seul cinéma. En 1970, beaucoup de sociétés comme la nôtre ont voulu profiter du filon. Michel a débarqué chez nous et a demandé à voir le patron. On me l'a aussitôt amené. En me tutoyant, car il tutoyait tout le monde, il m'a dit : *« Bon, écoute, c'est simple, tu fais des films publicitaires et moi je suis un créateur. Et je suis sûr que je peux faire aussi bien que vous. »* Je l'ai tout de suite trouvé sympathique, extrêmement différent de moi. Alors, je l'ai engagé sur parole ! J'ai fait le tour de mes clients et l'un d'eux a accepté d'engager Coluche pour un film sur la lessive *Ajax*. Michel y interprétait le personnage d'un détenu qui, avec trois autres prisonniers, nettoyait sa cellule avec *Ajax*...

Après cette expérience, on a continué à se voir régulièrement sans pour autant tourner d'autres films publicitaires ensemble. Et pour cause, il voulait réaliser un long métrage ! Un jour, il m'a sollicité : *« Mike, tu connais du monde, notamment dans le cinéma. On a qu'à organiser une soirée. On va profiter de la nouvelle revue que j'ai montée,* Thérèse est triste, *pour organiser une générale et inviter les gens du cinéma. Ça nous servira pour faire un film. »* Pour lui, ça paraissait simple. J'en ai parlé avec un de mes associés, Pierre Nahon, le N de *LNP*, et on a décidé de louer le *Café de la Gare*, pour tenter le coup. Dans la foulée, j'ai fait le tour de mes amis dont Gérard Oury, Michèle Morgan, Guy Bedos, Sophie Daumier et d'autres encore. J'ai fait des pieds et des mains pour qu'ils viennent voir Coluche. Comme ils ne doutaient pas de ma compétence à découvrir un nouveau talent, ils ont finalement accepté. Le plus amusant, c'est que j'ai dû implorer ces gens-là alors que, par la suite, ils l'ont supplié de travailler avec eux.

Evidemment, ce soir-là, au *Café de la Gare*, tous ont reconnu son talent. Il est vrai que Coluche avait été bon. D'ailleurs, Michel semblait extrêmement satisfait de l'accueil de la salle, même s'il avait été irrité par les éclats de rires incessants de Sophie Daumier. Elle s'esclaffait si bruyamment à chacune de ses répliques qu'elle empêchait Coluche de prendre réellement conscience de l'humeur de la salle. En tout cas, le succès était incontestable. Si bien que, deux jours après, Michel m'a dit : « *Maintenant que je suis connu, on va faire un film.* » Je lui ai répondu que ce n'était pas si facile et si rapide. Alors, il m'a rétorqué : « *Peut-être qu'il vaut mieux que j'écrive d'abord un scénario. Je vais l'écrire et je reviens dans une semaine. Tu n'as qu'à me louer une maison pour toute la troupe, tu achètes de la nourriture pour une semaine, on ferme les volets, on les couvre pour être totalement coupé du monde et on y arrivera.* » « *Pourquoi pas ?* », ai-je conclu.

Comme il l'avait souhaité, j'ai donc loué une maison pour une semaine avec suffisamment de nourriture. Effectivement, au bout de huit jours, Michel est revenu avec un scénario qui portait deux noms possibles, *Nous irons à Valparaiso* et *Rendez-vous au tas de sable*. On a présenté son script à l'avance sur recettes cinématographiques et j'ai gardé la lettre de refus qu'il a reçue en retour... A l'époque, le rire étant bourgeois, l'avance sur recettes se désintéressait des films drôles. Déçu, il m'a lancé : « *Ecoute, c'est simple* » car, pour lui, tout était toujours simple, « *Tu prends le scénario, tu vas à Cannes et tu trouves un metteur en scène et un producteur.* » A nouveau, je lui ai répondu : « *Pourquoi pas ?* ». J'appréciais tellement sa vision de la vie, de l'humanité, du monde, et de lui-même. Il n'était pas simplement un comique, il observait, digérait, puis racontait la société à sa façon. Parfois, ses mots pouvaient choquer, mais je pense qu'il voulait seulement toucher les gens, sans pour autant les blesser. D'ailleurs, la plupart du temps, le public riait en se reconnaissant dans ses sketchs.

Avec des copies de son scénario sur moi, je suis descendu à Cannes et, bien sûr, il ne s'est rien passé. Et pour cause, dans le cinéma on ne procède jamais ainsi. J'ai ensuite fait le tour de mes amis producteurs, dont Alain Poiré. Là encore, rien. Si les gens reconnaissaient le talent de Coluche, ils me trouvaient ridicule, lâchant des « *ce n'est pas comme cela que ça se passe en France.* » Un jour, pourtant, un de mes amis de toujours, Claude Martinez, l'associé de Paul Lederman, m'a donné la clé : « *Il faut que Coluche soit un homme de scène. Il faut d'abord qu'il se crée un nom sur scène et le cinéma viendra après. Si tu veux, je le prends et je m'en occupe.* » Et voilà comment tout a commencé. Avec eux, il est devenu cet exceptionnel personnage de scène puis ce comédien reconnu au cinéma. Exactement comme Claude l'avait prédit. Par la suite, je me suis moi-même lancé dans le cinéma, j'ai fait cinq films dont un avec Jacques Higelin. Mais j'avais déjà quarante ans. Or, selon moi, le cinéma est un métier de jeune. Le public, les idées doivent être jeunes. Ce n'est pas un métier pour les plus de quarante ans, même si certains vous diront que l'expérience est nécessaire. J'ai donc rapidement décidé de revenir à mon premier métier, la finance.

Avec Michel, on est toujours resté lié. Je venais régulièrement dîner chez lui, avec sa famille. Ailleurs aussi, avec ses différentes maîtresses, de toutes les tailles... A un moment, on s'est un peu perdu de vue, mais il m'a toujours été très reconnaissant d'avoir cru en lui. Je me souviens notamment qu'un soir, après avoir vu au cinéma *Tchao Pantin* avec mon fils, un admirateur de Michel, mais qui ignorait mon amitié avec lui. Je l'ai appelé et il nous a invité à le rejoindre. Il avait été aussi naturel et sympathique qu'auparavant. En fait, comme j'étais Américain, ça faisait de moi un personnage particulier dans son entourage. D'ailleurs, à l'occasion d'un autre dîner, en présence d'un homme politique extrêmement important, il m'avait appelé pour que je me joigne à eux. A mon arrivée, il lui avait lancé : *« Voici Mike Pochna, mon ami américain, tu devrais faire des affaires avec lui. »*

En mai 1986, il m'avait demandé de le rejoindre à Cannes, pour passer une semaine avec lui. J'avais accepté car je savais que cette semaine avec Michel allait être une véritable vie de bohème. Et je n'ai pas été déçu ! Puis, je suis reparti à New-York. C'est là-bas que j'ai appris son accident. »

Cabu

Depuis 1960, il croque ceux qui font l'actualité. Sa finesse, son humour, son indépendance ont permis à Cabu de traverser le temps sans érosion. Collaborateur de la première heure de *Hara-Kiri*, de *Charlie Hebdo* puis du *Canard Enchaîné*, il a fréquemment croisé Coluche, un véritable "frère" d'humour. Notamment pendant la campagne présidentielle de 1981.

Propos recueillis le 5 octobre 2005.

“ En dessin, on peut faire beaucoup de choses. Comme collaborer à l'émission *Récré A2* animée par Dorothée, sur *Antenne 2*. Ce 19 juin 1986, nous avions organisé un cocktail pour fêter le dernier enregistrement de la saison avant les vacances d'été. Nous avions tous un verre à la main quand Jean-Luc Azoulay, le producteur de l'émission, nous a rejoint, l'air inquiet. « *Coluche a eu un accident. Il est rentré dans un camion* » a-t-il dit. Il n'avait pas encore connaissance de la gravité de la situation. La nouvelle a aussitôt plombé l'ambiance. Une demi heure plus tard, Azoulay nous a à nouveau interrompu avec ces trois mots : « Coluche est mort. » Evidemment, *Récré A2* ne ressemblait pas au style de Coluche, mais c'est étonnant comme les gens présents ce jour-là sur le plateau ont été touchés par sa disparition. Pour être franc, je n'ai pas été étonné par cet accident de moto. Je lui avais dit à plusieurs reprises combien je n'aimais pas ces engins. Le lendemain plusieurs dessinateurs, dont moi, se sont associés pour lui rendre hommage dans le quotidien *Libération*. Je lui avais dédié un dessin qui l'aurait sans doute faire rire...

J'ai débuté comme dessinateur à *Hara-Kiri* dès le premier numéro, en octobre 1960. Le rédacteur en chef, François Cavanna, m'avait simplement précisé : « *Toi qui fait des caricatures, tu vas aller voir des spectacles le soir pour dire que ce tu en penses. Et tu feras un dessin sur un coin de nappe.* » D'où le nom de ma rubrique, *Sur un coin de nappe*... C'est ainsi que j'ai croisé très tôt Romain Bouteille, bien avant le *Café de la Gare*. Bouteille, c'était un peu Louis Jouvet. Peut-être le plus talentueux de sa génération, mais finalement le moins connu. En tous cas, il a mis Coluche sur les rails.

Ceci dit, dès qu'il apparaissait, Coluche était déjà naturellement drôle. Un peu comme dans les films de *Laurel et Hardy*. Il faisait physiquement rire, même sans son inoubliable salopette. Il suffisait qu'il se mette les cheveux en épi et qu'il se peigne le nez en rouge, ce que je ne supporte pas habituellement chez les autres comiques. Bref, il avait une vraie présence. Dans cette troupe du *Café de la Gare*, il sortait du lot. Mais ce n'était pas une surprise pour moi car Romain Bouteille m'en avait déjà parlé quand il passait nous voir à *Charlie Hebdo*. J'étais donc préparé au phénomène... Cela m'étonnait d'ailleurs que Romain en fasse les louanges car ils entretenaient tous deux un rapport étrange, quasiment de maître à élève.

Le *Café de la Gare*, c'était un peu comme *Charlie Hebdo*. On sentait que cette troupe formait une famille. Ils étaient atypiques et formaient une troupes différente des comiques de l'époque. On préférait de loin aller au *Café de la Gare* car on sentait bien qu'on partageait le même humour, qu'on riait des mêmes choses. Coluche était lui-même très copain avec Reiser, notre ami dessinateur. Maintenant, on n'imaginait pas que tous ces comédiens allaient faire de grandes carrières car ils se moquaient de tout et notamment de la télévision qui commençait à prendre de l'ampleur. Ils se plaçaient volontairement en marge du *show bizz*. Avec le recul, je me dis que j'ai sans doute connu Coluche dans sa meilleure période. Comment oublier par exemple ces passages au théâtre du *Gymnase* sur les grands boulevards. Il y était irrésistible.

Comment ne pas repenser également à ce spectacle où il passait son temps à manger. Le jeu de scène se résumait à un repas. Il jouait avec Philippe Bruneau et à la fin, ils s'enguelaient. Un truc de dingue ! Avant, je l'avais entendu chanter du *rock*. Saviez-vous qu'à 17 ans, Coluche rêvait de devenir chanteur ? Ça n'a pas duré longtemps car il voyait bien qu'il faisait rire tout le monde. Son idole s'appelait Elvis Presley. Mais Michel, contrairement à lui, n'allait pas jusqu'à porter la banane… A cette époque, je me souviens qu'il était en permanence encouragé par Hugues Auffray. Il le suivait dans les coulisses de ses spectacles. J'étais très étonné que ce chanteur pousse ainsi Coluche. Ils n'allaient pas tout à fait ensemble, mais il existait une évidente complicité entre eux. C'est étrange qu'on ne l'ait jamais su…

Il m'avait avoué n'avoir jamais lu durant son enfance. Le seul et unique journal qu'il achetait dans sa banlieue de Montrouge, c'était *Hara-Kiri*. Coluche se considérait comme un fidèle de la première heure. C'est donc tout naturellement qu'il a débarqué un jour à la rédaction. Au tout début, le professeur Choron lui a proposé de participer à des romans photos hebdomadaires avec son copain Gérard Lanvin. Ils ne maîtrisaient pas les scénarios et ne faisaient que poser pour les photos. Une idée plutôt drôle, mais elle a duré trop longtemps à mon goût. Coluche a aussi participé à des séances photos avec des filles nues, ce qui ne lui déplaisait pas.

De même, pendant sa campagne présidentielle, à laquelle *Charlie Hebdo* s'était associé, on publiait chaque semaine une double page de soutien. En fait, il s'agissait de mots d'encouragement envoyés par des lecteurs. Ils disaient tous : « *Vas-y Coluche, on va voter pour toi. On est avec toi.* » A la longue, j'ai trouvé ça lassant. J'aurais préféré qu'on lui confie cette double page et qu'il l'utilise pour faire passer un message pertinent et drôle. Peut-être aurait-il pu réagir aussi sur l'actualité, comme il l'a fait ensuite sur *Europe 1* ?

Concernant cette fameuse candidature, tout a commencé un lundi soir de l'automne 1980. Comme tous les lundi, Coluche débarquait à la rédaction de *Charlie Hebdo* pour le bouclage. Quand on avait fini, on fêtait gentiment cela avec un verre de vin rouge, du saucisson et du fromage. Je le revois encore, la bouche pleine, nous avouer : « *Je vais me présenter à l'élection présidentielle !* ». Passé le moment de surprise, j'ai aussitôt pensé qu'il s'agissait d'une bonne idée. Je n'imaginais pas alors qu'il puisse aller au bout, mais au moins allait-il mettre un coup de pied au cul aux politiques... Seulement voilà, Coluche a été crédité à un moment de 16 % d'intentions de vote dans un sondage. Forcément, on a été très étonné et on s'est demandé comment il allait pouvoir assumer cela. De tous temps, des candidatures fantaisistes ont existé, mais c'était la première fois qu'une vedette du music-hall se lançait dans une telle aventure. Pour être franc, on était aussi content car cette candidature faisait grimper les ventes du journal. Pas d'une manière spectaculaire, mais il y avait tout de même un "effet Coluche". De l'ordre de 20 %, si ma mémoire est bonne.

C'est étonnant comme ce canular a pris une tournure sérieuse. Coluche le premier s'est pris au jeu, alimentant quotidiennement les médias par des petites phrases ou des sorties spectaculaires. A *Charlie Hebdo*, on s'est toutefois rapidement aperçu qu'il était seul, sans conseiller. Je me souviens par exemple l'avoir accompagné dans un débat avec les élèves de l'école Polytechnique, dans le grand amphithéâtre. La salle était impressionnante, entièrement remplie par trois cents élèves avides d'écouter ce clown. Il avait été flatté par cet accueil, digne d'un vrai conférencier. Pendant le premier quart d'heure, tout s'était bien passé. Coluche les avait fait rire en leur balançant des répliques de ses spectacles, des phrases antimilitaristes aussi. Mais dès que les élèves avaient commencé à poser des questions précises, il avait perdu la main. *« Comment comptez-vous reconvertir les usines d'armement ? »* lança par exemple l'un deux. *« Quel avenir pour les militaires si vous supprimez l'armée ? »* ajouta un autre. Là, les choses se sont soudainement compliquées. Il ne pouvait pas argumenter. Si bien que le débat, initialement programmé pour durer une heure et demie, s'est achevé au bout d'une demi-heure. Sous un faux prétexte, Coluche, visiblement embarrassé, s'en est tiré par un *« Excusez moi, j'ai rendez-vous à la télé. »*

A mon avis, il aurait fallu qu'il s'entoure de vrais conseillers. Mais là, c'est un vrai boulot. Je pense qu'il comptait trop sur son talent naturel. Quant à l'épilogue de cette histoire, tout le monde le connaît. Il a organisé une conférence de presse dans un théâtre car les médias parlaient de moins en moins de lui. Ce Coluche là, à mon sens, n'était plus drôle. Après l'élection présidentielle de 1981, je l'ai moins vu. Forcément, il ne fréquentait plus autant *Charlie Hebdo*. La page était tournée. Il avait axé sa carrière vers le cinéma où il excellait. Un jour, j'étais allé le voir sur le tournage de l'*Inspecteur La Bavure*. Je m'occupais de la bande dessinée du film qui devait sortir en même temps. Je dessinais les vrais personnages, interprétés par Coluche et Gérard Depardieu. Cela lui avait plus de se voir ainsi, caricaturé... Ce qui m'avait frappé, ce jour-là, c'est que l'équipe dirigée par Claude Zidi ne parvenait pas à tourner une scène car il avait entraîné Depardieu dans un terrible fou rire. Impossible de les arrêter ! Dans cette scène, tournée en banlieue parisienne, une maison devait être démolie à coups de pelleteuse. Il se moquait totalement du retard qu'occasionnait son attitude. Et Zidi semblait incapable de le reprendre en main. Là, Coluche était drôle...

Bien sûr, c'était également un mec généreux. Il n'y a qu'à voir les *Restos du cœur*. Même si, à ce propos, une rumeur prétendait à l'époque qu'il n'avait pas eu l'idée des *Restos*. Qu'elle émanait en fait du fils de Paul Lederman, son producteur, qui lui aurait soufflée. Il étudiait à l'époque dans une école de commerce et on lui aurait demandé, pour son mémoire de fin d'année, de concevoir un concept humanitaire. Il aurait alors eu cette idée. Coluche l'a-t-il reprise à son compte ? Peut-être. Toujours est-il qu'il a eu le mérite de la réaliser. Sinon, il avait aussi ses têtes. Il pouvait être sympa avec certaines personnes et détestable avec d'autres. Comme parfois avec le petit personnel dans les restaurants. Ce comportement me choquait. Je n'aime pas ces attitudes. Mais il était ainsi...

Dans le travail, Coluche était une éponge. Il n'écrivait pas. Il piquait ses idées en écoutant les autres, à droite et à gauche, avec son magnétophone. On le voyait le sortir de sa poche, il le portait à la bouche et il enregistrait un mot, une phrase. L'addition de tout cela nourrissait ses sketchs. Il lui est arrivé aussi de me piquer des petites répliques dans mes dessins. Parfois, j'écoutais ses spectacles et je me disais : « *Tiens, mais c'est moi qui l'ai écrit ça !* ». Il a également beaucoup pris à Reiser... Il m'arrivait parfois de passer chez lui rue Gazan. Comme j'arrivais sur le coup des 21h00, il me prenait par le bras et m'emmenait dans la chambre de ses enfants. « *Viens leur dire bonsoir aussi* » me disait-il ! Il aimait énormément ses enfants... Ensuite, il ne se couchait pas avant six heures du matin. Moi, cela faisait belle lurette que j'étais rentré me coucher. Je ne faisais pas partie du premier cercle, il me considérait plutôt comme un "frère" d'humour. Honnêtement, je ne passais pas ma vie chez lui car il m'invitait souvent les soirs de bouclage et je devais choisir entre finir mes dessins à l'imprimerie ou aller faire la fête chez Coluche. Cependant, j'avais bien remarqué que dans ces soirées, les pétards circulaient, fumés parfois par des types étranges....

Bien entendu, Coluche manque à la société. Paradoxalement, il n'y a jamais eu autant de comiques, mais je n'en connais pas un qui lui arrive à la cheville. La différence, pour moi, c'est qu'il s'appuyait sur de réelles convictions. Il était vraiment de gauche, pacifiste et plutôt écologiste malgré sa passion pour les motos. Tout cela pour dire qu'il avait le souci des autres, une sorte de conscience politique. Aujourd'hui, les comiques ne prennent jamais position, ils fuient les risques, se contentant de surfer sur l'air du temps. D'ailleurs, ils ricanent souvent plus sur les faibles que sur les puissants. Heureusement, il reste les *Guignols de l'info* ou *Groland* sur *Canal Plus*. Deux espaces de liberté salutaires. Coluche maniait aussi cette grossièreté, jamais vulgaire. D'autres comiques ne savent toujours pas faire la différence entre les deux...

Coluche a aussi fait avancer le langage, en décoinçant certains tabous. Il a participé à ce mouvement "post-soixante-huitards" qui osait défier l'autorité. Il tapait sur tout le monde en séduisant les beaufs comme les élites. Selon moi, il aurait encore cette liberté de parole. Il trouverait encore une chaîne de télévision ou une radio pour balancer quelques vérités. Il n'a pas été remplacé, comme Reiser ou Charles Trenet. A ce propos, Coluche aimait Trenet. Il en était même un fervent admirateur. D'ailleurs, je l'avais surpris deux fois à l'*Olympia* en 1975 pendant ses concerts. « *Pour moi, c'est le plus grand* » m'avait-il confié. »

Patrice Minet

Acteur et auteur iconoclaste, Patrice Minet a mené une vie sans contrainte, ni plan de carrière. Se laissant porter au gré des opportunités, il s'aventura un jour au *Café de la Gare*. Un lieu qui marqua sa vie et lui permit de nouer une amitié avec Coluche.

Propos recueillis le 4 octobre 2005.

« Coluche était quelqu'un d'extraordinairement généreux. Il avait beaucoup d'amis. Pour des raisons que je ne vais pas explorer ici, il aimait s'occuper des autres. Il avait à la fois un côté père et un côté frère. Il nous donnait à manger, nous habillait, nous dénichait du boulot... Il le faisait même à l'époque où il ne possédait rien. D'ailleurs, à ce moment-là, il aimait à nous rappeler : *« Moi, je n'ai pas peur d'attraper la grosse tête un jour. Ça ne peut pas m'arriver, je l'ai déjà. »* Il n'a jamais douté une seule seconde qu'il réussirait. Ce n'était pas un problème. Il savait que la réussite serait au rendez-vous. Mais l'argent n'était pas un moteur pour lui.

Coluche était quelqu'un de très intelligent et de très pragmatique. Il pouvait avoir des idées, des rêves ou des fantasmes, mais il savait planter un clou, construire un théâtre, une troupe, un spectacle. Pour parvenir à cet état d'esprit, il faut être porté sur les autres, être curieux. Il avait envie de créer, de construire et de partager cela avec des personnes autour de lui. Ça le stimulait. Et puis, il avait besoin d'aimer. Ce qu'il redoutait surtout, c'était que les gens le quittent. Donc il faisait des cadeaux. Or les cadeaux sont là pour acheter. Quand on achète, c'est qu'on veut posséder. Et quand on veut posséder, c'est qu'on a peur de perdre. Quelqu'un d'aussi intelligent que Coluche savait qu'on ne possède rien ni personne. A commencer par soi-même. Il le savait notamment pour avoir vu des gens mourir près de lui. Il l'avait su très jeune en étant dépossédé de son père.

J'ai découvert Coluche au *Café de la Gare*. J'y avais débarqué par l'intermédiaire d'un ami, Jean-Michel Haas. A l'époque, j'étais en fac de Droit, sans revenu. On avait alors convenu qu'en échange de ménages, il m'offrirait le gîte et le couvert. Pendant plusieurs mois, j'ai donc fait le ménage au *Café de la Gare* en échange d'un repas par jour et la possibilité de dormir, avec mon sac de couchage, dans les gradins. J'ai sympathisé avec toute l'équipe et notamment avec Coluche. Il me donnait régulièrement à manger et on est devenu amis. Si bien que lorsqu'un jour il est parti, il m'a dit : « *Je monte une troupe. Est-ce que tu veux en être le régisseur ?* ». Je l'ai suivi. Comme j'avais une bonne orthographe, j'ai d'abord participé avec Philippe Bruneau à l'écriture du premier spectacle, *Thérèse est triste*. Mais, lorsque je suis rentré dans la salle de régie de l'*Alliance française*, où on devait jouer, j'ai avoué à Coluche que j'étais incapable de me servir de tous ces appareils. Il m'a rétorqué : « *Mais tu ne veux vraiment rien faire toi ?* ». Je lui ai répondu : « *Non, je ne veux rien faire.* ». Il m'a alors lancé : « *Quand on ne veut rien faire, il faut faire acteur.* »

J'ai habité avec lui à plusieurs reprises, notamment à un moment où il occupait avec Véronique un pavillon en banlieue. C'était l'époque où il faisait un peu de télévision, comme cette fameuse émission avec Danièle Gilbert. Il m'y avait d'ailleurs associé en me demandant de jouer un étudiant qui n'avait pas trouvé d'autre endroit pour travailler qu'une place au fond du plateau. Je faisais donc semblant d'écrire et il venait me voir de temps en temps en me demandant si on ne faisait pas trop de bruit en enregistrant l'émission. J'ai tenu deux jours. Le troisième, je n'y suis pas allé. Il m'a demandé pourquoi et je lui ai répondu que c'était sinistre. Selon moi, entre ne rien faire et faire cela, il valait mieux ne rien faire ! C'était trop ennuyeux. D'ailleurs, il n'a tenu lui-même qu'une semaine...

On a partagé de bons moments par la suite, en jouant notre pièce dans les sous-sols de l'*Olympia*, mais aussi lors de galas ponctuels. Par l'intermédiaire d'un ami, on avait participé une fois à l'inauguration d'un immeuble pour une société de communication. On avait prévu de venir faire un peu de musique et un sketch pendant vingt minutes. On ressemblait à une petite fanfare et j'avais hérité des cymbales pour l'occasion… On avait joué et après on s'était rué sur les innombrables buffets. On avait mangé, un peu, mais bu surtout. On était jeune et on n'avait pas beaucoup d'argent à ce moment-là. Le responsable était venu nous voir en nous disant qu'on avait eu beaucoup de succès et, comme c'était une inauguration avec un défilé permanent, il nous avait demandé de jouer à nouveau. On était passablement éméché, mais on l'avait fait, avant de retourner au buffet remplir nos verres. Une heure plus tard, on nous avait demandé de jouer une troisième fois. On s'était exécuté. Cette fois, nous étions complètement bourrés et ça avait été pitoyable !

J'ai écrit pas mal de sketchs avec Coluche et même un opéra, que je n'ai jamais revu. Au bout d'un an et demi, j'ai décidé de quitter sa troupe. Notamment parce que j'avais compris, malgré ce qu'il m'avait dit, que pour être acteur il fallait travailler. Il ne l'a pas très bien pris. Alors, je suis parti et j'ai participé pendant huit mois aux travaux du nouveau *Café de la Gare*, rue du Temple. On a continué à se voir malgré tout les années suivantes. J'assistais aussi à certains de ses spectacles, comme l'*Introduction à l'Esthétique*. C'était quelque chose de beau. On était parfois tellement pris par la pièce et les acteurs qu'on pouvait ne pas remarquer cette femme, la compagne d'Alain Pellet, qui était très belle et qui jouait une serveuse complètement nue !

J'ai quitté la troupe de Coluche car, même s'il représentait quelque chose, ce n'était pas ce que je désirais personnellement. Moi, je ne voulais vraiment rien faire. Rien faire du tout. Quand j'ai senti avec Coluche que je commençais à faire quelque chose de routinier et qui demandait un effort, j'ai choisi d'arrêter. Je préférais participer à la construction d'un théâtre comme le *Café de la Gare*. A la fin des travaux, la question s'était d'ailleurs reposée de savoir ce que j'allais faire. Philippe Manesse, qui avait pris le rôle de régisseur, avait alors dit : *« Moi je veux Minet pour m'aider en régie. »* J'avais donc été nommé aide régisseur. Mais, une fois arrivé en régie, Philippe m'avait tout de suite précisé : *« Surtout, tu ne touches à rien. »*

J'avais donc une demi paie pour ne rien faire ! Ça m'allait très bien, d'autant que j'étais au milieu de gens que j'aimais beaucoup.

Un jour, en raison de certaines discordes, un Anglais s'est retrouvé seul sur scène. Voyant cela, on s'est mis un béret sur la tête, Philippe et moi, et nous sommes descendus à son secours. On est entré sur scène, sans connaître la moindre réplique, en ayant vaguement en mémoire ce qu'on avait entendu les soirs précédents. Ça a marché et le reste de la troupe nous a rejoint. Après cette séance, il y a eu une espèce d'assemblée générale au cours de laquelle Romain a dit : *« Les gens qui sont entrés en scène ne doivent plus en sortir. »* Si bien que, tout en m'occupant de la régie, j'ai commencé à donner quelques répliques. Après ce spectacle, Sotha a écrit *Le Graphique de Boscop* et j'y ai tenu mon premier véritable rôle.

Certains ont reproché à Coluche d'être irascible. Ce n'est pas vrai. Chacun a son mode de fonctionnement. Les cons sont fatigants et trop de connerie finit par étouffer. Dans nos métiers, on est forcé de prendre des risques et de s'exposer. De temps en temps, trop de connerie provoque le besoin de vomir. Et, parfois, vous vomissez sur des personnes de votre entourage, même si ce sont de braves gens. Coluche n'était pas irascible. Il avait beaucoup de caractère, mais il était très gentil. Même si, de temps en temps, il se mettait en colère ou, plus exactement, en rogne. C'est sans doute très mauvais d'être en colère, mais c'est très mauvais aussi de ne pas l'exprimer. Coluche était quelqu'un de sensible, qui était comme tout le monde, parfois chiant, mais surtout très agréable. J'ai vu beaucoup de gens se mettre en colère pour de bonnes raisons et parfois aussi pour de mauvaises raisons. Quand vous voulez infléchir la position de certaines personnes qui ne vont pas dans la direction que vous souhaitez, vous disposez de plusieurs outils. Comme le charme, l'amour, le chantage ou la colère. Mais vous n'optez pas toujours pour le plus approprié.

Après le *Vrai Chic parisien*, j'ai souvent revu Coluche. Je le retrouvais notamment lors de nombreux après-midi, dans le Marais, dans la boutique de brocante des Halles tenue par Jacques Renaud, le cousin de Xavier Thibault. En revanche, je n'allais pas rue Gazan car je n'appréciais pas les gens qui fréquentaient sa maison. Avec cette drogue, ça sentait trop la mort. Coluche n'avait pas autour de lui des personnes qui l'aidaient. Juste des gens qui lui empruntaient de l'argent ou de la coke. Je le sentais vulnérable et je le sentais s'auto-détruire. Souvent, avec l'héroïne, la mort n'est pas loin. Quand on se réfugie là-dedans, d'une certaine façon, on creuse sa tombe. Je lui en avais parlé un peu, mais je ne trouvais pas les mots. Une fois, il m'avait dit : *« Je vais aller le voir celui-là pour me fâcher avec lui. »* Quand je lui avais demandé pourquoi, il m'avait répondu : *« Je vais me fâcher avec lui parce que c'est mon dernier copain. »* Cette période noire est liée aux choix artistiques, familiaux et amicaux qu'il avait eus. Pour en sortir, il ne faut pas être seul. Et il l'était... C'est insupportable de voir quelqu'un que vous aimez beaucoup entrer dans ce genre d'exploration. Mais, comme le dit un proverbe, *« c'est dans le chaos que l'on fait les meilleurs choix. »* Etre heureux ne donne aucun talent.

Par la suite, on ne s'est pas vu pendant un long moment. La vie nous a éloigné. Je l'ai revu une dernière fois, quelques semaines avant sa mort, mais je sentais que ça n'allait plu. J'ai appris la nouvelle à la radio. Ça m'a bouleversé. Ça a également eu des conséquences sur ma vie, assez violentes et profondes. Ça m'a révélé beaucoup de choses. Lorsque Coluche est mort, je me suis rendu compte que c'était non seulement une partie de ma vie, mais que c'était aussi une partie de moi. »

Stéphane Collaro

Les cheveux ont blanchi mais le regard est resté malicieux. Stéphane Collaro, c'est l'homme qui a distrait les français pendant des années. D'abord avec le *Petit Rapporteur* au côté de Jacques Martin puis en produisant ses propres émissions, du *Collaro Show* à *Cocoricocoboy*. En 1981, en pleine campagne présidentielle, il voulut braver la censure imposée à Coluche. Au risque de se faire virer de la télé !

Propos recueillis le 6 octobre 2005.

“ Ce jour de juin 1986, je me rendais en voiture aux studios des Buttes Chaumont à Paris où j'enregistrais les *Collaro Shows*. Comme tous les jours, j'écoutais la radio et soudain la nouvelle est tombée. Ça m'a coupé le souffle. Je me suis immédiatement arrêté. Curieusement, dans un premier temps, je n'ai pas pu prendre l'information au sérieux. « *Coluche en moto rentre dans un camion* », cette phrase m'est apparue comme un canular ! Dans ma tête, ça ne percutait pas. C'était impossible. J'ai mis un petit moment à croire à un truc aussi con. Que Coluche se tue comme cela...

La première fois que je l'ai vu, c'était sur scène. Dans une grande salle parisienne, peut être au *Gymnase*. Accompagné par plusieurs copains, nous voulions découvrir le “phénomène” et franchement, je dois reconnaître que j'ai trouvé sa prestation formidable. Il était là, avec sa salopette, épatant, inédit, avec un style bien à lui qui n'a pas pris une ride. D'ailleurs, quand j'entends aujourd'hui ses sketchs, notamment sur la politique, j'en ris toujours autant.

La radio nous a ensuite réunis même si je dois avouer que nos relations ont débuté par un léger froid. A *Europe 1*, on ne se fréquentait pas vraiment. On se disait juste bonjour comme ça. En effet, quand il est arrivé à la station en 1978, une petite rivalité est née entre nous. A cette époque, j'assurais la case du matin et lui celle de l'après-midi et on s'est disputé quelques fois pour des "conneries". Pas personnellement, mais plutôt via nos équipes. Je ne sais même plus précisément pourquoi. Simplement on était deux à sévir dans le registre de l'humour et il arrivait qu'on se marche un peu sur les pieds. Tout cela n'était somme toute pas bien grave... D'ailleurs, par la suite, tout s'est arrangé et j'ai moi aussi fréquenté la rue Gazan plusieurs fois par semaine. Je me souviens surtout qu'on mangeait bien. Et puis il y avait aussi tous ces gens qui fumaient des pétards alors que ma femme et moi n'étions pas des consommateurs. Le plus drôle, c'est qu'il nous arrivait de sortir complètement "pétés" rien qu'en respirant la fumée !

Quand Coluche a annoncé sa candidature à l'élection présidentielle, j'ai trouvé ça drôle. L'idée me paraissait courageuse et j'ai donc suivi sa campagne comme tout le monde. Mais à un moment, quelque chose m'a profondément révolté. Alors que tous les médias l'avaient courtisé au début, il a soudain été victime de la censure. Une attitude liée à son envolée dans les sondages, qui le créditaient de près de 16 % d'intentions de vote. Là, les politiques ont pris peur. Ils ont d'abord essayé de le récupérer, de tenter de le faire passer dans un camp ou dans l'autre. En vain. Alors, ils ont organisé son boycott dans la presse par l'intermédiaire de médias au diapason. Désormais, il ne fallait plus parler de Coluche, ce clown synonyme de menace, de danger...

Face à cette situation, j'ai décidé de l'appeler au téléphone. Nous étions au tout début de l'année 1981. Je lui ai simplement dit : *« Ecoute, tu ne peux plus passer à la télé. Tu es interdit d'antenne. Moi, je te propose quand même de venir dans Collaro Show. Et sache qu'à partir de maintenant je soutiens ton mouvement. »* Car pour moi, il incarnait réellement un mouvement de liberté. Ma proposition était donc sincère. Tout ce que Coluche disait me paraissait au moins aussi intéressant que les idées véhiculées par les partis politiques. Alors qu'il n'avait pas réellement l'intention d'aller au bout, il énonçait tout de même quelques vérités. Il m'avait alors répondu : *« Viens bouffer chez moi ce soir.* » Et le soir même, je lui confirmais mon intention de l'inviter dans une émission qu'on appellerait Coluche Président !

On s'est donc retrouvé aux studios des Buttes Chaumont. L'idée, plutôt amusante, consistait à mettre en scène le premier conseil des ministres du nouveau Président Coluche. Evidemment, tous les ministres étaient habillés comme lui, en salopette ! Et comme tout bon ministre, chacun fayotait avec le Président en empruntant le langage de Coluche. Une séquence très marrante... Satisfait du résultat, je ne savais pas encore ce qui m'attendait. Pour la première fois de ma vie, la direction d'*Antenne 2* m'a téléphoné pour me demander de ne pas passer ce sketch dans l'émission ! L'ordre venait de Maurice Ulrich, le président de la chaîne, un proche du pouvoir. Le plus étonnant, c'est que mes émissions n'étaient pas visionnées avant leur diffusion. Il y avait donc eu une fuite... Sans connaître le contenu, ils avaient clairement décidé que Coluche ne passerait pas à la télévision, y compris chez moi, en application des consignes politiques.

Cette censure, je l'ai mal prise. Très mal. A l'époque, le *Collaro Show* cartonnait. Au téléphone, j'ai donc rétorqué à ma direction : *« Si c'est comme ça, j'arrête l'émission ! »* Et là, j'ai entendu : *« Eh bien, c'est comme ça... »*. On en est resté là. Sur ce, j'ai repris mon téléphone et j'ai aussitôt informé Coluche de la situation. *« Arrête. Fais pas le con. Tu vas pas te faire virer de la télé pour ça »* m'a-t-il soutenu. Il m'a alors conseillé de laisser tomber, mais j'avais toujours autant de mal à accepter la situation. Je trouvais tout cela honteux. Franchement, si une telle censure avait dû se répéter plusieurs fois, je n'aurais certainement pas poursuivi ma carrière à la télévision. Sincèrement, j'ai vraiment hésité. Cela me posait un réel problème de déontologie. Mais une telle décision aurait entraîné d'autres conséquences. Derrière moi, il y avait toute une équipe et je ne pouvais pas arrêter comme cela, sans le consentement des autres. Heureusement, ce fut la seule fois que j'ai été victime de la censure. Même avant, avec le *Petit Rapporteur*, autrement plus insolent, jamais je n'en avais été victime !

Tout cela pour dire qu'à un moment donné, les pouvoirs politique et audiovisuel avaient bien décidé de mettre Coluche hors circuit. Sur le fond, je pense pourtant que son engagement avait un sens, qu'il était sain d'introduire un comique dans cette campagne. Mais la blague n'aurait peut-être jamais dû se transformer en quelque chose de plus sérieux, même si Coluche avait en lui une réelle force politique, avec un fond contestataire, moralisateur. Il captait l'opinion avec des messages simples. Et puis il s'est pris au jeu, devenant ainsi un danger pour les partis politiques. Sa montée en puissance représentait une menace qu'il fallait à tout prix stopper avant qu'elle ne se définisse réellement. Allez donc savoir si ces 16 % d'intentions de vote ne se seraient pas confirmées s'il avait pu se présenter au premier tour. Qu'en serait-il resté ? Sans doute aurait-il pris des points importants. Moi, j'aurais bien voulu voir cela ! Il avait un tel pouvoir de persuasion sur la France profonde, comme le *Bebette Show* d'ailleurs.

Coluche serait-il censuré aujourd'hui ? Il trouverait sans doute face à lui le même consensus de la classe politique, prête à s'affronter en apparence, mais toujours soudée quand il s'agit d'écarter une menace. On l'a bien vu dans les affaires de financement des partis... Maintenant, il continuerait sans doute dans la même veine, sur le même ton. De toute évidence, Coluche manque à la société. Il n'a pas été remplacé. Certes, des humoristes nous font rire, mais il n'existe pas d'enfants de Michel. C'est ainsi, certaines personnes ne peuvent pas être remplacées. C'est comme si on voulait refaire aujourd'hui un *Petit Rapporteur*. On y a songé à un moment, mais je ne voyais pas qui pouvait tenir le rôle de Jacques Martin, avec les qualités qui faisaient son originalité à l'époque.

De toute façon, je suis persuadé que Coluche ferait aujourd'hui de la politique. En vingt ans, il aurait eu le temps d'affiner son message, de s'entourer en conséquence. Peut-être représenterait-il le mieux cette gauche que personne n'incarne vraiment de nos jours ? C'est en tous cas mon avis. Comment ne pas l'imaginer également au cinéma ou sur scène ? Comme toutes les personnes de grande qualité, Coluche affichait une polyvalence qui lui aurait permis de choisir son destin. »

Johnny Hallyday

Inutile de présenter Johnny, incontournable icône nationale. Entre des tournages au cinéma et la préparation de son prochain album, le chanteur français le plus populaire a pris le temps d'évoquer son "copain", comme il dit... Coluche, qu'il considère comme son idole au même titre qu'Elvis Presley. Et qui, selon lui, est parti en mythe...

Propos recueillis le 12 octobre 2005.

“ C'est Véronique, sa femme qui m'a appelé. J'étais chez moi, à Paris. Je n'en suis pas revenu. Comment admettre que Coluche n'était plus là ? Que je n'allais plus le voir. J'ai été le premier à me rendre chez lui, dans sa maison. J'ai vu ses enfants. Ensuite, j'ai tout suivi... Le cercueil au moment où on l'a emmené dans le corbillard, le cortège, la cérémonie religieuse, jusqu'à son enterrement. Des souvenirs très douloureux. Dans ma vie, j'ai porté deux cercueils. Celui d'Eddie Barclay, récemment, et celui de Coluche il y a vingt ans. Dans les deux cas, ce fut une évidence. Ils étaient mes amis et je ne pouvais pas les laisser faire ce dernier voyage sans moi. Dans mon esprit, Coluche est quasiment mort comme James Dean. Il a été victime d'un accident de moto à cause d'un camion qui lui est rentré dedans. James Dean, lui, roulait dans sa Porsche quand un camion a surgi devant lui et l'a projeté dans un arbre. Les deux sont partis en mythes...

Coluche c'était le "copain", comme pour des millions de personnes d'ailleurs. Il ne se gênait pas, ne faisait pas de manière. Quand il me voyait, généralement, il commençait par un : « *Ca va Jojo ?* » Parfois aussi, il lançait : « *Je vous présente le mythe vivant.* » Cela me faisait rire car les mythes, je le disais, sont ceux qui nous ont quitté. En fait, j'ai l'impression d'avoir toujours connu Coluche, un mec formidable.

Sans doute le seul comique qui m'ait vraiment fait rire avec ce côté dramatique dans l'humour. On peut toujours dire des gens disparus qu'ils étaient les plus grands mais j'avoue avoir vraiment arrêté de rire à sa mort. Je parle bien sûr de rire comique... Certes, d'autres artistes sont formidables, mais il était tellement différent. Coluche déclenchait immédiatement le rire, rien qu'en entrant sur scène. Il faut tout de même être très fort pour se présenter comme cela devant le public en commençant par un : « *Salut les enculés !* ». Vous me voyez dire cela ? Les gens ne comprendraient pas. Lui, ils l'applaudissaient. C'était incroyable...

J'aimais tellement ce mec. Dans ce métier, Coluche est l'une des rares personnes qui me manque vraiment. En lui, rien n'était foncièrement mauvais. Quand il disait des choses dures, il pouvait mettre des gens sous terre en se moquant d'eux, mais jamais par méchanceté. Il utilisait tellement bien la dérision. Aujourd'hui, peu de comiques manient cela avec autant de talent. La plupart du temps, pour faire rire, ils s'attaquent aux faiblesses des gens sans prendre de gants. Lui, n'agissait pas de la sorte. Coluche, c'était le top... Comme dans les shows télés, notamment ceux, fameux, des Carpentier. Quelle rigolade ! Je nous revois encore Coluche, Depardieu et moi, avec Mireille Mathieu sur des Harley Davidson. Vous l'imaginez, Mireille, sur une Harley ? Ces shows restent ancrés dans ma mémoire. Je me souviens aussi qu'ensuite, on finissait la nuit dans des boîtes, notamment à l'*Elysée Matignon*. On y retrouvait d'autres copains, comme Serge Gainsbourg ou Jean-Paul Belmondo. J'adorais la musique et l'ambiance de cet établissement, contrairement à la techno d'aujourd'hui qui me "gonfle" un peu. Quand on quittait cette boîte, au bout de la nuit, on continuait à délirer dans la rue. Comme ce soir où Belmondo était monté sur le toit d'une voiture pour réciter du Prévert. Coluche n'en revenait pas, il hurlait : « *Ça va pas. T'es taré toi !* » Les gens nous regardaient, mais on s'en moquait.

Evidemment, j'ai aussi fréquenté les soirées chez Coluche, près du parc Montsouris. Il vivait dans cette superbe maison, aménagée pour recevoir ses amis. Quelle ambiance formidable ! Qu'on arrive à minuit ou à trois heures du matin, il y avait toujours quelque chose à manger. Des moules marinières, du bœuf bourguignon, ça changeait tout le temps... J'y allais très souvent et je retrouvais d'autres copains comme Patrick Deweare, Eddy Mitchell ou Gérard Depardieu. Tout le monde passait par là. Quelle que soit l'heure, on déconnait et on écoutait de la musique... Je n'ai jamais plus rencontré quelqu'un comme Coluche. En tournée, si on se produisait dans la même ville, il me suivait partout dans les hôtels, à Cannes, à Biarritz ou ailleurs. Il sortait constamment son magnétophone pour enregistrer nos conversations. Un jour, je lui ai demandé : *« Pourquoi tu te sers sans arrêt de ce truc ? »*. *« C'est pour mes sketchs »* m'avait-il avoué. Cette manière de faire m'avait énormément impressionnée. Par la suite j'avais en effet découvert que certains mots, certaines phrases que l'on avait échangés, lui servaient dans ses spectacles.

Il y a une chose qui le rendait hystérique. On s'arrangeait toujours pour dîner ensemble pendant ces galas. Seulement voilà, il bouclait ses spectacles en deux heures car il ne se changeait pas. Il enfilait simplement sa salopette et mettait son nez rouge. Quand il avait fini, il les enlevait et c'était terminé. Du coup, il filait au restaurant vers 23h00 et m'attendait. De mon côté, je ne pouvais pas être aussi rapide. Si mes spectacles duraient également deux heures, il fallait bien que j'ôte mon costume de scène, que je me change et que je discute avec mes musiciens. Du coup, j'arrivais généralement au restaurant vers 2h00 du matin. Cela le rendait fou et il me disait : *« Johnny, j'en ai marre de t'attendre ! »*. Il ne voulait pas comprendre... Ceci dit, dans ces dîners, on mangeait bien et on se marrait quand même. Une fois seulement je l'ai vu refuser de manger. C'était chez Eddie Barclay pendant sa fameuse campagne présidentielle. Je crois qu'il faisait une grève de la faim. Dans ce déjeuner, il s'était assis dans un coin et n'avait touché à rien. Pas même un radis ! Pendant le repas, il était tombé dans les pommes. On avait dû appeler un médecin tellement on était inquiet. Il avait seulement huit de tension alors qu'habituellement il approchait les dix-sept. On lui avait conseillé d'arrêter et de s'alimenter normalement.

Je savais aussi que Coluche aimait le rock et je sentais bien, malgré sa discrétion, sa timidité et son humilité, qu'il me vouait une admiration. C'est ainsi, il montrait rarement ses sentiments. Il prétendait aussi que j'étais beaucoup plus fort que lui. Chaque fois qu'on arrivait dans un endroit et qu'une personne me parlait mal, il disait : « *Ouh la la… Ça va chier. Johnny va lui démolir la tête !* ». En réalité, je n'étais pas du tout comme cela. Je n'allais tout de même pas me battre avec tout le monde. Pour en revenir au rock, on avait même échangé nos blousons. Le Perfecto à clous qu'il portait sur scène, c'était le mien ! On partageait également une autre passion, la moto. Souvent, on partait ensemble faire des virées…

Coluche, j'allais tout le temps le voir en spectacle. Je ne sais pas combien de fois je me suis rendu au *Gymnase* quand il s'y produisait en *one man show*. Il me faisait tellement rire. Les gros mots qu'il prononçait ne me semblaient jamais grossiers dans sa bouche. Franchement, c'était le seul comique que j'allais voir sur scène. Il était hors catégorie, au-dessus des autres. Mais attention, il n'y avait pas de hasard. Coluche était réellement très professionnel. Malgré les apparences, il travaillait beaucoup et ne partait jamais dans des délires improvisés. J'admire beaucoup cela, cette faculté de pouvoir se concentrer sur le travail. Je me souviens être allé le voir en 1983 sur le tournage de *Tchao Pantin*. Il m'avait impressionné. Il apprenait ses répliques dans une pièce où une multitude de gens parlaient et riaient. Lui était là, imperturbable. Quand j'ai vu le résultat à l'écran, j'ai pleuré et je lui ai dit : « *Salut l'acteur.* » Sa performance n'était pas facile car il vivait alors une période noire. Il ne s'entendait plus avec sa femme. Il lui arrivait même parfois de pleurer dans mes bras… A cette époque, il avait aussi sombré dans la drogue. Mais dans ce métier, quasiment tout le monde se drogue. On passe tous plus ou moins par là. Je n'en connais pas un qui ait pu y échapper. Je ne dis pas que c'est bien, simplement c'est la réalité. Pourtant, Coluche ne s'est jamais complètement laissé aller. Il fumait des joints uniquement quand il en ressentait le besoin.

Après sa mort, à la demande de Véronique, j'ai évidemment participé à la première tournée des *Enfoirés*. Elle m'avait dit : « *Ce serait bien que tu sois là pour cette première.* » Sans réfléchir, j'ai répondu : « *Il n'y a pas de problème. Je serai là.* » A l'époque, nous étions cinq artistes : Jean-Jacques Goldman, Michel Sardou, Véronique Sanson,

Eddy Mitchell et moi. Cette tournée m'a laissé un souvenir formidable. On formait une vraie famille. On chantait des duos, puis des titres en solo pendant deux heures. Les deux années suivantes, on a remis cela. Mais la quatrième année, j'ai décidé d'arrêter de participer aux Enfoirés pour une seule raison : trop de gens étaient entrés dans la troupe. A mon sens, ce concept devenait une foire. Je pense qu'il ne fallait pas dépasser dix artistes alors qu'on en compte désormais quatre-vingts sur scène. Parmi lesquels des personnalités qui ne savent même pas chanter, comme ces mannequins... Je considère qu'on a gâché l'esprit des *Enfoirés*. Certains en profitent même pour faire la promotion de leur denier album. Ceux-là ne viennent pas pour participer à l'œuvre de Coluche ni pour aider les gens. Et moi, je ne suis pas d'accord ! Alors, chaque année, on me sollicite mais il faudrait que cela change pour que j'y participe à nouveau. Et encore ! Je ne considère pas que les responsables des *Enfoirés* soient très sympas avec les artistes. Il y a trois ans, j'ai fait un chèque de 15 000 euros pour les *Restos du cœur*. Personne ne m'a envoyé un petit mot de remerciement. Je n'attendais pas qu'ils évoquent publiquement ce geste, mais j'aurais au moins aimé qu'ils m'appellent. J'en ai été très vexé. Maintenant, je suis heureux d'avoir donné cet argent pour les *Restos* de Coluche...

Dans la vie j'ai deux idoles, Elvis Presley comme chanteur et Coluche comme comique. Aujourd'hui, j'ai soixante-deux ans. Coluche en aurait soixante et je pense qu'il me ferait encore rire. Il serait probablement sur scène. Je ne crois pas qu'il ferait de la politique ou autre chose. D'ailleurs, je lui avais dit pendant la campagne de 1980 : *« Arrête tes conneries. Pourquoi tu fais ça ? »*. *« Ça me fait marrer »* avait-il rétorqué. *« Ça va te détruire... »* avais-je ajouté. J'estime que les artistes sont toujours désavoués par les politiques, quasiment jetés par terre à coups de pierres, quand ils touchent à ce domaine sacré. C'est pourquoi il aurait dû laisser ces choses là aux politiciens. Au final, cette aventure l'a abîmé même si elle lui a aussi apporté de la notoriété...

Un mec aussi exceptionnel, d'une telle dimension, on n'en retrouvera jamais. Homme de cœur, il aimait les riches comme les pauvres. Avec les riches, il voulait se marrer. Les pauvres, il leur venait en aide. Il était aussi un homme libre et je respecte cela. Dans nos métiers, ça fait du bien de rire de temps en temps. En cela, Coluche me manque terriblement aujourd'hui. Franchement, je vois parfois à la télévision des comiques censés nous faire rire et je les trouve pathétiques. Je me dit : « *Putain, pourquoi Coluche est parti ?* ». ”

Livre d'or

A notre invitation, certains de ces témoins
ont adressé un message à Coluche.
Des contributions inédites et singulières.

Salut mimi,
à ce soir ou un
peu plus !
Je t'aime
tu nous manques
ton pote
Carlos

(Carlos)

Coluche, je passe l'éponge sur
les cent francs que tu me devais
parce que tu m'as apporté
beaucoup plus que ça –

Rego

(Luis Rego)

Faut croire que
tu prenais de la place
parce que tu nous as
laissé un sacré vide.
À un de ces jours, mon
pote et ce sera un
très beau jour.
Ton Ami,

(Farid Chopel)

Ne fais pas trop de bêtises avec
Patrick, on arrive. En attendant
on s'occupe de ceux qui restent.

(Sotha)

Hé, Coluche !
Demande une perm.
et reviens faire un tour.
Ça nous ferait du bien.
Ton Pote
Stéphane Collaro

(Stéphane Collaro)

Tu sais mon enfoiré,
Tu es et sera toujours
mon ami à vie, ♡
Je t'aime Johny

Johnny Hallyday

Johny ♡ coluche

(Johnny Hallyday)

Tu aurais pu mettre ton casque ! Salut ma Poule

Michel Drucker

(Michel Drucker)

« Apercevoir la lumière à travers la fêlure d'une âme.. »

Bruno Gillet

(Bruno Gillet)

Tu en aurais eu des choses à dire.... Tu nous manques.

Mathilda May.

(Mathilda May)

Eh, Michel !
Quand tu veux tu reviens.

Gotainer

(Richard Gotainer)

Je suis toujours sûr
que Dieu n'existe pas,
mais peut-être que
désormais c'est toi –
Des baisers
Ton Romain.

(Romain Goupil)

Salut, Coluche ! T'es arrivé ? Attends-moi, je viens !

Cavanna

(François Cavanna)

Michel tu n'as pas besoin de revenir
tu es toujours là parmi nous
Remy Grumbach.

(Rémy Grumbach)

Peux-tu me rappeler, j'ai perdu
ton numéro de portable

(Patrice Minet)

Tu es plus que jamais
d'actualité !
Un jour je te raconterais
à bientôt
Didier

(Didier Lavergne)

Ne nous quittes pas -

Paul Lederman

(Paul Lederman)

Tu as posé ton regard sur le
monde, et changé le mien....
unique tu as été et tu le resteras.
irremplaçable pour toujours ...
A Bientôt mon ami, dans ce
nouveau monde où tu dois régner
en maître...
Bien des rires.
A Toujours
Tu nous manques.

(Jean-Marie Marion)

Est-ce que tu peux me
garder une place à côté
de toi ?

MARYSE

(Maryse)

Jack Lang
Le 28 Janvier 2005

(Jack Lang)

Michel,
Quand je regarde
la télé (surtout les
actualités) je me
rends compte à quel
point tu nous manques

Mike Pochna

(Mike Pochna)

On aurait pu faire encore quelques conneries
T'es toujours avec moi

René

(René Metge)

Cher Michel
Tu vas pas venir te plaindre de l'ingratitude, des gens, de la vie
Hein ! Je t'avais prévenu !

(Romain Bouteille)

A plus !
Henri Guybet

(Henri Guybet)

tu me manques
à bientôt... Hélas (?!)

(Agnès Soral)

Coluche reveille-toi
ils sont devenus fous !

(Harlem Desir)

(Pierre Boudon)

T'as bien fait de te tirer —
Maintenant c'est devenu un peu
coincé

(Philippe Manesse)

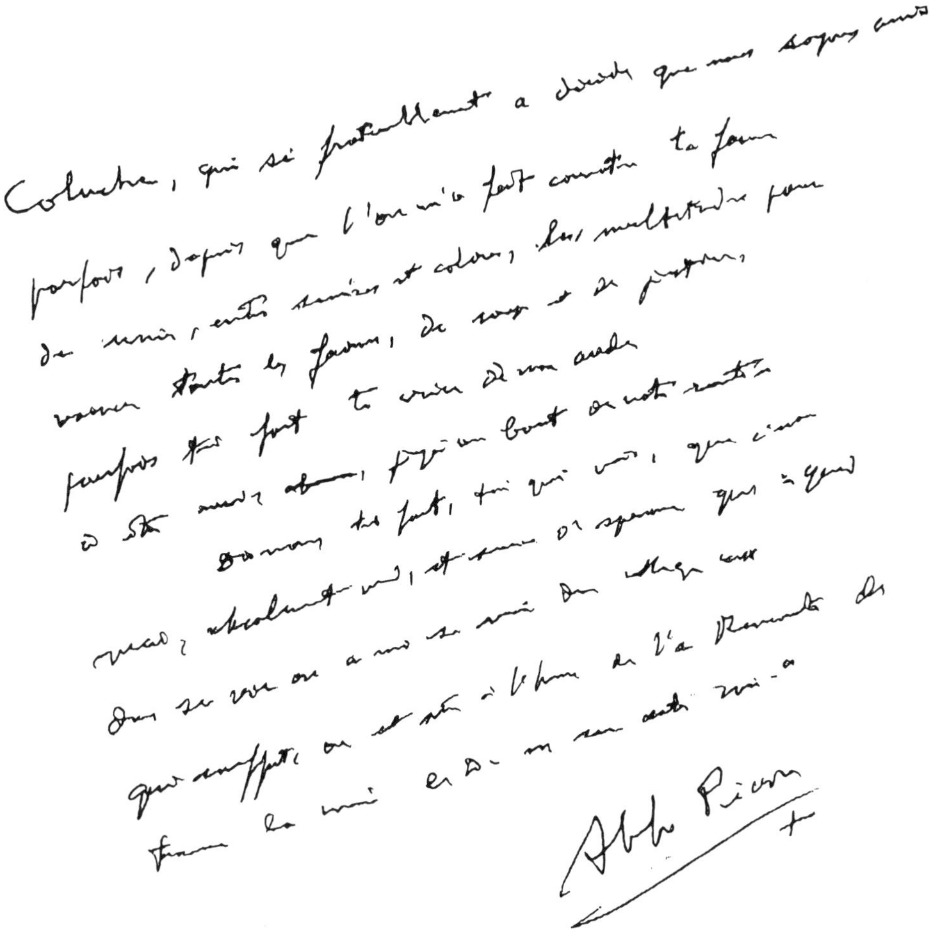

A Coluche,

Coluche, qui si fraternellement a décidé que nous soyons amis,
Parfois, depuis que l'on m'a fait connaître ta façon d'unir,
Entre sourires et colères, les multitudes pour vaincre toutes les faims,
De soupe et de justice, parfois très fort je veux te crier de nous aider,
A être ainsi chacun d'entre nous, jusqu'au bout de notre route.

Dis nous très fort, toi qui voit, que c'est vrai,
absolument vrai, et source d'espérance que :
"Quand dans sa vie on a mis sa main dans celle de ceux
qui souffrent, on est sûr alors de la rencontre,
de trouver la main de Dieu dans son autre main."

(abbé Pierre)

Sommaire